정리가 필요한 인생

루스 수컵
이진 옮김

정리가 필요한 인생

수오서재

정리가 필요한 인생

1판 1쇄 발행 2017년 3월 6일 **1판 2쇄 발행** 2017년 5월 15일

지은이 루스 수컵 **옮긴이** 이진
발행처 수오서재 **발행인** 황은희, 장건태
편집 최민화 **마케팅** 이종문 **제작** 제이오
주소 경기도 파주시 회동길 337-16, 302호(10881)
등록 2014년 6월 16일(제396-2014-000115호)
전화 031) 955-9790 **팩스** 031) 955-9796 **전자우편** info@suobooks.com
홈페이지 www.suobooks.com
ISBN 979-11-87498-09-4 03320 책값은 뒤표지에 있습니다.

이 도서의 국립중앙도서관 출판시도서목록(CIP)은 서지정보유통지원시스템 홈페이지(http://seoji.nl.go.kr)와
국가자료공동목록시스템(http://www.nl.go.kr/kolisnet)에서 이용하실 수 있습니다.(CIP제어번호: CIP2017003485)

도서출판 수오서재守吾書齋는 내 마음의 중심을 지키는 책을 펴냅니다.

우리는 좋아하지도 않는 사람들에게

굳이 좋은 인상을 주려고

우리가 갖고 있지도 않은 돈으로

필요하지도 않은 물건들을 산다.

_데이브 램지

차례

정리가
필요한
인생

들어가며

완벽하진 않아도 완전한 삶을 위하여

2주에 한 번, 나는 거의 똑같은 평상시의 아침 일정을 바꾸어 남쪽으로 30분 정도 차를 몰고 간다. 그리고 CBS 지역 방송의 3분 코너를 진행한다. 거기서 나는 식비를 절감할 수 있는 유용한 정보를 알려주거나, 초과된 예산을 정상 궤도로 돌려놓는 방법에 관해 조언하거나, 직접 만들 수 있는 근사한 선물 아이디어를 제안한다. 방송이 시작되고 내가 윙크 뉴스의 절약 전문가라고 소개될 때마다 나는 흠칫 놀란다.

절약 전문가.

이 얼마나 아이러니인지.

그게 다가 아니다. 지난 몇 년간 나는 그와 비슷한 여러 가지 애칭을 얻었다. 쿠폰 걸, 절약 왕, 싸게 사기 선수, 저축 왕. 나라면 나 자신을 소개할 때 죽어도 선택하지 않을 단어들이다. 사실 난 '절약' 전문가라기보다는 '소비' 전문가다. 쇼핑을 해서는 안 되는 상황일 때 쇼핑하기의 명수이고, 단지 구매 자체의 스릴 때문에 물건을 사는 사람이다. 그런 재능으로 인해 오랜 시간 동안 극심한 곤경에 처했었고, 나의 블로그 제목이 '저축하고 잘 사는 법'이 아니라 '적게 쓰고 잘 사는 법'인 것은 결코 우연이 아니다.

나의 블로그 '적게 쓰고 잘 사는 법LivingWellSpendingLess.com'을 시작하기 전에 내 사전에 절약이란 단어는 존재하지 않았다. 나는 한 번도 돈이 문제가 된 적이 없는 집안에서 자랐다. 밖에서 보기에 우리는 모든 걸 다 가진 것처럼 보였을 것이다. 그러나 모든 특권에는 대가가 따르는 법. 나의 실상은 완벽과는 거리가 멀었다. 대학 졸업반이 되던 해 공들여 쌓아올린 나의 세계가 무너지기 시작했고, 그로부터 2년간 암흑과 우울의 세계에서 살았다.

거의 죽음의 문턱에 있었고 나의 생존은 기적에 가까웠지만 그때는 그 사실을 깨닫기엔 너무 눈이 멀어 있었다. 그로부터 10년 동안 나는 법대에 다녔고(결국 자퇴했지만), 결혼을 했고, 대륙을 가로질러 세 번의 이사를 했고, 두 아이를 낳았다. 그 변화무쌍한 10년 동안 내 삶에서 변함없이 굳건한 자리를 지켰던 게 한 가지 있다면 바로 쇼핑몰이었다. 아마존 닷컴. 타깃.[1] 포터리 반.[2] 윌리엄스-소노마.[3] 짐보리.[4] 나는 우리의 삶을 잡동사니로 채워갔지만 공허함은 결코 채워지지 않았다.

그러나 신은 나와 같은 파산한 쇼핑중독자에게조차 계획을 갖고 계셨다.

1 월마트와 크로거에 이어 세 번째로 큰 규모의 대형 할인점
2 미국의 생활용품 전문 브랜드
3 미국의 주방용품 전문 브랜드
4 미국의 아동복 전문 브랜드

때로 신의 은총은 쿠폰 한 개로 나타난다.

요즘 나는 돈을 아끼려고 무척 노력하지만 모든 재정 문제가 해결되었기 때문에 그런 것은 아니다. 오히려 그 반대다. 왜냐하면 지금도 비싼 커피를 마시고 있기 때문이다. 나는 여전히 재정적인 실수를 저지른다. 적자를 만회하려면 아직도 몇 달을 더 버텨야 한다. 아직도 주어진 예산 안에서 생활하려고 발버둥 친다. 월말 가계부의 지출 금액을 잘 맞추지 못한다. 쓰지 말아야 할 곳에 돈을 쓴다. 그리고 청구서를 연체시킨다.

나는 완벽과는 거리가 멀다.

그런데 다행스럽게도, 신은 내게 완벽함을 주문하진 않으셨다.

재정적 평화를 찾기 위한 이 여정을 통해 나의 재정 상태가 곧 앞으로 남은 내 삶의 모습을 반영한다는 사실을 깨달았다. 돈 문제가 엉망진창일 때 나는 다른 모든 문제에도 엉망진창이다. 그래서 열심히 돈을 모은다. 내가 인생의 모든 답을 알고 있어서가 아니라, 돈이라는 것은, 너무 많건 너무 적건, 우리 삶의 모든 곳에 구석구석 스며 있음을 알기 때문이다. 돈은 우리의 정신적, 감정적, 심지어는 육체적 건강과도 연결되어 있다. 결론적으로 우리가 돈을 어떻게 쓰느냐는 우리 마음속에 무엇이 있는지를 그대로 반영한다.

이 책은 단지 저축하는 방법에 대한 지침서, 혹은 해야 할 일과 해서는 안 될 일을 모아놓은 목록이 아니다. 이 책은 적게 쓰고도 '잘 사는' 법에 관한 것이다. 실패와 성공을 통해 내가 어렵사리 터득한 교훈들을 바탕으로 썼다. 내가 기독교 신자이다 보니 멋진 삶에 관한 성경의 가르침도 염두에 두었고 그래서 성경 구절도 수록했다. 종교를 떠나 우리에게 가르침을 주는 것들은 마음을 열고 받아들여 주었으면 한다.

나는 이 책을 읽으면서 여러분 또한 도전하고 싶다는 생각이 들기를 희망하고 또 기도한다. 우선순위를 다시 정하고, 은행 잔고를 늘리는 데 그치지 않고 보다 나은 삶, 만족과 의미와 기쁨으로 충만한 삶을 사는 데 필요한 변화를 이루기 위한 도전이다. 생각보다 쉽지는 않을 것이다. 게다가 변화를 유지한다는 건 힘든 일이다. 하지만 내 말을 믿어주기를. 그에 따른 보상은 결코 당신의 노력을 헛되이 하지 않을 것이다.

멋진 삶이 당신을 기다리고 있다. 그 삶을 맞이할 준비가 되었는가?

첫 번째

단계

멋진 삶이란 우리가 생각하는 것과 다르다

삶 자체가 아니라 훌륭한 삶에 큰 가치를 두어야 한다.

소크라테스, 플라톤이 《크리톤》에서 인용

자주 그리고 많이 웃는 것, 지혜로운 이들에게 존경받고 아이들에게 사랑받는 것, 정직한 비평가의 찬사를 듣고 거짓 친구의 배반을 견디는 것, 아름다움을 식별할 줄 알고 다른 사람에게서 그의 최선을 발견하는 것, 건강한 아이를 낳건 한 뙈기의 정원을 가꾸건, 사회를 개선하건, 자신이 태어나기 전보다 이 세상을 조금이라도 살기 좋은 곳으로 만들어놓고 떠나는 것, 자신이 한때 이곳에 살았음으로 해서 단 한 사람의 인생이라도 행복해지는 것, 그것이 바로 성공이다.

랠프 월도 에머슨

그곳에 내가 앉아 있다. 혼자만의 비밀공간에 웅크리고 앉아 있는 어린 소녀. 1930년대 콜로니얼풍 저택[5], 거의 사용하지 않는 손님방의 벽장 뒤 아늑한 공간. 거기 있으면 아무도 날 귀찮게 하지 않았다. 그 비밀장소에서 나는 몇 시간이고 상상의 세계 속으로 빠져들었고 내가 발명한 꿈의 집 만들기 놀이에 몰입했다.

세심함과 시간이 요구되는 작업이었다. 먼저 아빠가 보는《아키텍처럴 다이제스트Architectural Digest》최신 호의 부동산 매물 코너에서 가장 크고 가장 호화로운 저택을 고르는 것으로 시작했다. 저택 전면에는 고상한 영국식 정원이 있고 뒤쪽으로 절벽과 바다가 펼쳐진 저택을 단돈 1천7백만 달러에 매입했다. 그다음에는 아빠의 서랍에서 훔친 그래프 종이에 내가 생각하는 이상적인 평면도를 세심하게 스케치했다.

실내 수영장, 농구 코트, 게임방 같은 '기본적인' 시설들을 넣는 것을 잊지 않았다. 나의 완벽한 저택에는 적어도 열 개의 침실에 벽난로, 응접실, 동굴 같은 분위기의 스파식 욕실이 갖추어져 있었다. 적어도 두 개의 미식가용 주방(하나가 더 필요할 경우에 대비해서), 마흔 명이 앉을 수 있는 거실, 천장에서 바닥까지 책이 가득 채워진 대학 도서관 수준의 서재, 그 외에도 열한 살 소녀의 상상 속에서나 가능한 황당한 생활편의시설들이 있었다. 주로 바비 인형의 드림 하우스와 TV 프로그램에 나온 유명인사의 라이프스타일을 너무 많이 봐서 얻은 영감이었다.

5 영국의 고전주의 양식을 단순화하여 적용한 미국 식민지 시대의 건축양식

평면도 작업에만 '몇 시간이' 걸렸지만 마침내 평면도가 완성되면, 그때부터는 인테리어 작업에 착수했다. 나는 재활용품 무더기에서 백화점 카탈로그를 들고 와 체계적으로 가구, 리넨 제품, 장식장의 접시, 욕실에 놓을 보송보송한 타월, 벽장에 넣을 세련된 구두를 고르는 데 몇 시간을 '더' 쏟아부었다.

카탈로그를 보며 쇼핑하는 동안, 예쁘게 차려입은 나의 아이들과, 내 스타일로 잘생긴, 엄청나게 성공한 남편을 상상해보았다. 아무 근심 걱정 없는 화려한 삶과 호화로운 집에서 우리가 보낼 행복한 시간을 머릿속에 그려보았다.

그런데 카탈로그를 전부 다 잘라 붙이고 고가의 '물건들'로 가상의 방들을 전부 다 채우고 난 뒤에도, 그렇게 많은 시간과 노력을 투자했음에도, 뭔가 해냈다는 성취감을 느낄 수는 없었다. 오히려 실망감이 더 컸다. 채우고, 채우고, 또 채웠지만, 매번 허탈감이 밀려들었다. 나는 또다시 새 집과 새 평면도 작업에 착수했다. 수많은 시간을 그렇게 원하고, 꿈꾸고, 채우면서 보냈고, 이번에는 마침내 제대로 된 집을 지어보리라고 생각했다.

꿈의 집에서 나의 삶은 완벽했다. 꿈의 집에서 나는 행복했다.

적어도 나는 그렇게 생각했다.

당시 내가 모르는 게 있었다면 어린 나이였음에도 이미 위험한 습관에 빠져들고 있었다는 사실이었다. 나는 소유와 행복을 동일시하기 시작했다. 멋진 삶이란 무엇을 가졌느냐에 달려 있다고 믿기 시작했다. 내 나이 열한 살에 물질을 제대로 갖추기만 하면 내 삶이 완벽해질 거라고 확신했다. 충만한 삶. 행복한 삶. 만족스러운 삶.

이 파괴적인 습관은 성인이 된 후 내 삶의 양식이 되었고 결혼생활을 파경으로 몰아갔다. 물론 내가 그런 사고방식이 얼마나 파괴적인지 깨달은 것은 아주 오랜 시간이 흐른 뒤였다.

성인판
꿈의 집

오랜 시간 동안 꿈만 꾸어오다가 어느덧 성인이 된 나는, 비록 규모가 '약간' 작긴 하지만, '진짜' 꿈의 집을 개조하고 꾸미고 싶어 안달이 났다.

썩 좋은 상황이라고는 말할 수 없지만 마침내 그날이 왔다. 2004년 우리 집이 허리케인 찰리에 심하게 훼손되었다. 태풍이 지나가자 남편 척과 나는 피해를 복구하는 것에서 멈추지 않고 필요 이상의 대대적인 공사를 감행하기로 결정했다. 우리 집의 경제적 기반이었던 척은 현금 지불을 주장했다. 부서진 지붕과 창문을 수리하는 데 보험금을 쓰고 나서 개조 공사를 위해 돈을 모으기 시작했다.

나는 '가까스로' 참을성 있게 기다렸고, 아이디어를 수집했다. 나는 또다시 잡지와 카탈로그를 뒤적이면서 군침을 흘리며 시간을 보냈다. 내 마음에 드는 모든 것, 없으면 못 살 것 같은 물건, 날 행복하게 만들어줄 것을 전부 다 오렸다.

어릴 때 설계했던 집처럼 성인이 된 나의 꿈의 집은 완벽해야 했다.

영원처럼 긴 시간이 흐른 뒤에야 마침내 운명의 그날이 찾아왔고,

우리가 그토록 고대하던 개조 공사가 시작되었다. 페인트를 새로 칠했고, 새로 벽을 세웠고, 나만의 서재, 밖으로 뺄 수 있는 선반들을 부착한 맞춤형 옷장, 화강암 카운터, 양탄자와 가구와 장식품들을 들여놓았다. 그러나 우리가 미처 정신을 차리기도 전에 공사는 끝났고 모아놓은 돈은 거덜 나버렸다.

그런데도 나는 멈출 수가 없었다.

어린 시절의 그 놀이처럼 허탈감은 내가 감당할 수 없는 수준이었다. 늘 꿈꾸어왔던 완벽한 집을 만들기 위해 엄청난 시간과 돈과 에너지를 쏟아부었는데도 나의 삶은 완벽과는 거리가 멀었다. 뭔가 아직 채워지지 않은 것 같은 기분이 들었다. 충족되지 않은 것 같은 기분. 만족스럽지 않은 것 같은 기분. 나는 여전히 더 갈망했다.

그래서 어떻게 되었냐고? 나는 계속 쇼핑을 했다. 따분하고 불안할 때면, 타깃이나 포터리 반, 윌리엄스-소노마로 달려가 공허감을 채워줄 무언가를 찾았다. 이런저런 잡동사니와 자꾸만 사랑에 빠졌다. 화사한 빛깔의 완벽한 쿠션, 반짝이는 사진틀, 흙으로 빚은 커피 머그잔, 혹은 시간을 절약해준다는 반자동 바닥걸레청소기.

내가 항상 좀 지나치게 사들이는 편이었지만 이번엔 좀 달랐다. 물건을 카트에 담는 순간 심장이 빠르게 뛰었고, 아드레날린이 분비되는 것을 느꼈고, 그 순간 나는 알았다. 바로 이것이란 걸. 내 삶을 바꾸어줄 '이것', 나를 황홀경에 빠뜨리고 기쁨, 충만감 그리고 만족감을 줄 이것. 이것이 마침내 날 만족하게 하리란 걸.

또다시 양팔 가득 쇼핑백을 들고 현관문을 들어서는 순간, 분노와 실망 그리고 약간의 두려움까지 깃든 척의 표정을 보았다. 그 순간 홍

분은 공포와 후회로 바뀌었다. “제발 그만 좀 해!” 그는 소리를 질렀다. “그 정도면 됐어! 우린 그런 거 필요 없어. 당신 이젠 이러면 안 되잖아!”

마음속 깊은 곳에서는 내게 문제가 있다는 생각이 들었지만 그의 말이 옳을 수도 있다는 사실을 인정할 수가 없었다. 내가 원하는 것은 ‘충만해지는 것’임을 이해시킬 도리가 없었다. 그래서 나는 집을 온갖 잡동사니로 채워나갔다. 당연히 우리의 말다툼은 갈수록 격해졌고 어느 날 우리 두 사람은 더 이상은 이렇게 못 살겠다는 결론에 도달했다. 대책이 필요했다.

욕심은 끝이 없다

더 많이 가질수록 행복해진다는 생각은 비단 나에게만 해당하는 얘긴 아니었다. 소비지향적인 사회 곳곳에서 그런 메시지는 끊임없이 우리에게 주입되고 있다.

모든 TV 광고, 광고판, 잡지 속에는 우리를 조롱하고, 유혹하고, 빨아들이는 근원적인 속삭임이 있다.

> 집을 이렇게 꾸미고 살면, 당신은 만족할 거예요.
>
> 이 차를 몰면, 당신은 성공할 거예요.
>
> 이 화장품을 쓰면, 당신은 아름다워질 거예요.

이 옷을 입으면, 당신은 선망의 대상이 될 거예요.

이 태블릿을 쓰면, 당신의 삶이 좀 더 정돈될 거예요.

이 음식을 먹으면, 당신은 날씬해질 거예요.

이 장난감을 가지면, 아이는 만족할 거예요.

이게 바로 당신의 삶을 바꾸어줄 그것이에요.

이게 바로 당신을 채워줄 그것이에요.

우리는 광고를 보고, 잡지와 블로그를 읽고, 심지어 핀터레스트[6]에 게시된 놀랍도록 완벽한 이미지를 보면서 시간을 보낸다. 우리는 잡지와 TV에서 화려하고 사치스러운 유명인사들의 생활을 보고, 찬양받으며 불멸의 존재가 되는 리얼리티 스타들의 생활을 본다.

주위 사람들이 더 많은 물건, 더 예쁜 것, 더 좋은 것으로 자신의 삶을 채워가는 것을 지켜보면서 그들의 속삭임에 귀를 기울인다. 우리는 더 큰 집을 원하고, 더 좋은 차를 원하고, 신형 휴대전화를 원하고, 더 많은 액세서리와 옷과 구두와 장난감과 전자제품을 포함하여 우리를 멋진 삶으로 안내해줄 거라 믿는 모든 것을 원한다.

그러나 결코 그렇지 않다. 그 속삭임은 거짓말이다. 가까이들 오시라. 내가 해줄 말이 있다. 멋진 삶은 결코 당신이 생각하는 그런 게 아니다. 물질 자체는 나쁜 것이 아니다. 우리 모두에게는 살 집이 필요하고, 입

6 벽에 물건을 고정할 때 쓰는 핀Pin과 인터레스트Interest의 합성어로 온라인상에서 관심 있는 이미지를 핀으로 집어 포스팅하고, 이를 트위터나 페이스북 등 다른 소셜네트워크 사이트SNS와 연계해 지인들과 공유하는 이미지를 기반으로 한 SNS 서비스

을 옷이 필요하고, 먹을 음식이 필요하다. 살 집을 원하고, 우리의 감각을 드러내줄 근사한 옷을 원하는 것은 결코 나쁘지 않으며 심지어 자연스러운 일이라고 생각한다. 돈과 물질은 그 자체만으로는 해롭거나 파괴적이지 않다. 그러나 그것을 추구하는 것은 파괴적일 수 있다. 성경에서는 그런 현상에 대해 반복해서 경고하고 있다.

> "너희는 조심하여, 온갖 탐욕을 멀리하여라. 재산이 차고 넘치더라도, 사람의 생명은 거기에 달려 있지 않다."
>
> 누가복음 12장 15절

> 돈을 사랑함이 없이 살아야 하고, 지금 가지고 있는 것으로 만족해야 합니다. 주님께서 친히 말씀하시기를 "내가 결코 너를 떠나지도 않고, 버리지도 않겠다" 하셨습니다.
>
> 히브리서 13장 5절

> "한 종이 두 주인을 섬기지 못한다. 그가 한쪽을 미워하고 다른 쪽을 사랑하거나, 한쪽을 떠받들고 다른 쪽을 업신여길 것이다. 너희는 하나님과 재물을 함께 섬길 수 없다."
>
> 누가복음 16장 13절

나는 이런 성경구절이 진짜 '부유한' 사람들에게만 해당되는 얘기라고 믿었다. 나한테는 해당되지 않는다고 생각했다. '부유한 사람들은 안됐군.' 나는 속으로 생각했다. '운도 지지리도 없지.' 성경이 그들에게 경고하는 게 아니라 '나'에게 경고하고 있다는 생각은 하지 못했다. 나는 실제로 부유하지는 않을지언정 부유한 사람처럼 살고 싶었기 때문이다. 뭐든 최고를 원했고, 최고를 가질 여유가 없을 땐 분명히 그런 여유가 있기를 바랐다.

디모데전서 6장 9절에서 10절을 보면 바울이 이렇게 말한다. "부자가 되려고 애쓰는 사람은 시험과 함정에 빠지고 사람을 파멸시키는 여러 가지 어리석고 해로운 욕망에 떨어집니다. 돈을 사랑하는 것이 온갖 악의 뿌리가 됩니다. 이것을 가지려고 열망하는 사람들이 믿음에서 떠나 방황하다가 많은 고통을 당하고 마음의 상처를 입습니다."

나를 죽이는 것은 부유함도, 물질도 아니다. 그것은 원함이고, 갈망이며, 부에 대한, 소유에 대한, 권력에 대한 채워지지 않는 욕망이다. 그러한 상태는 우리의 마음과 정신을 거의 완전히 점령해버린다. 우리가 그것을 가질 수 있느냐 없느냐는 전혀 별개의 문제다. 중요한 것은 우리 마음속의 갈망이다. 이 사회가 끊임없이 우리에게 메시지를 주입함에도 불구하고, 항상 더 많은 것을 갈구하며 자신을 소모하는 삶이 멋진 것은 아니다.

멋진 삶을 찾아서

절박한 상황이 되면 절박한 수단을 찾게 마련이다. 개조 공사 이후 나의 지출은 걷잡을 수 없이 늘었고 남편과 나는 문자 그대로 이혼 직전까지 갔다.

싸우기도 지친 데다 결혼을 지키기 위해서라면 '무슨 짓이든' 할 수 있을 것 같았던 나는 새로운 시도를 해보기로 남편과 합의했다. 우리는 각자의 계좌를 두고 엄격하게 예산을 통제하기로 했고 나는 기본적으로 남편에게 생활비를 타 써야만 하는 상황을 받아들였다. 매달 일정액의 생활비를 받아서 식비, 옷, 집 안 소모품을 구입하는 데 썼고 그 돈이 떨어지면 그 달은 그걸로 끝이었다. 그때부터는 돈을 쓰지 않는 것 말고는 선택의 여지가 없었다.

그것은 곧 예전처럼 많이 쓰지 못하는 것 말고는 선택의 여지가 없다는 뜻이었다.

어느덧 억누를 수 없는 욕구가 되어버린 물건 사들이기를 중단해야 한다는 생각에 겁에 질린 나는 식비를 줄이면 내가 쓸 수 있는 예산의 범위를 늘릴 수 있다는 사실을 깨달았다. 쿠폰 사용법을 익혀서 한 달에 1,000달러에 달했던 식비를 200달러로 줄였고 나머지 800달러는 온갖 잡동사니들, 내가 여전히 필요하다고 생각하는 예쁜 물건들을 사는 데 썼다.

그다음엔 재고 정리 세일이나 아마존의 번개 세일 같은 것을 결합하여 하루에 몇 번씩 이용하면서 생활비를 늘리는 방법을 찾기 시작했다.

쿠폰 사용법, 절약, 싸게 사는 방법에 관한 나의 새로운 열정을 '적게 쓰고 잘 사는 법'이라는 제목의 블로그에 올렸다. 블로그의 초기 태그라인은 '예산 안에서 스타일과 호화로움을 찾는 여행'이었고 블로그 소개 글 첫 줄은 '저는 멋진 물건을 좋아합니다. 그런데 남편은 가격표를 싫어합니다'였다.

나의 목표는 어떻게든 예산을 늘려서 내가 원하는 것을 전부 다 살 수 있게 되는 것이었다. 숭고한 목표 따위는 없었다. 오히려 나에게는 그 모든 것이 지극히 단순한 산수일 뿐이었다. 식비에 돈을 덜 쓰면, 구두, 혹은 그 외의 다른 물건을 사는 데 돈을 더 쓸 수 있을 테니까. 나는 여전히 갖고 싶은 게 너무 많았고, 수많은 아름다운 물건이 내가 집으로 데리고 가주기를 기다리고 있었다. 나는 할인을 받고 쇼핑하기 시작했고 식료품, 옷, 그 외에 생활용품을 파격적인 가격으로 구입하는 데 도가 텄지만 그래도 여전히 쇼핑을 하고 물건을 사들이면서 공허함을 채우려 애썼다.

경제적인 관점에서 생각해보면 엄격한 생활비 제도를 고수하도록 강요된 상황으로 인해 우리 가족의 재정 상태에는 엄청난 변화가 있었다. 나는 적어도 우리 가족을 나의 지출로 침몰시키지는 않았다. 그러나 여전히 필요하지 않은 물건을 사들이는 것으로 가족을 익사시키고 있었다.

비록 절약에 관한 글을 쓰고 더 나은 주부가 되려고 노력했지만 언젠가부터 내가 사들이는 물건들이 나를 억압하는 것 같은 기분이 들었다. 엄청난 할인으로 파격가에 구입한 물건인데도, 나는 필요하지도 않은, 심지어 원하지도 않는 물건들 속에서 익사하고 있었다. 그러면서도 한편으로는 나의 갈망을 어떻게 멈추어야 할지 알지 못했다.

나는 나 자신과 가족을 위해 다른 방식의 삶을 갈망하기 시작했다. 우리가 가진 것이 아니라 있는 그대로의 모습으로 정의되는 삶. 그렇게 나는 멋진 삶을 찾는 여정을 시작했다.

단지
돈이 문제는 아니다

더 갖고 싶어 하는 우리의 채워지지 않는 갈망은 우리 존재의 세포 곳곳에 침투한 하나의 질병이다. 과소비와 억제할 수 없는 물질에 대한 탐닉은 그 대상이 '무엇'이건, 그게 음식이건 술이건 약이건 물건이건, 궁극적으로는 우리를 파괴한다. 과소비와 '더' 갖고 싶어 하는 갈망도 다른 것과 다르지 않은 중독이지만 생존을 위해 반드시 치료되어야만 하는 습관이다. 우리는 돈에 대한 사랑을 조절하는 방법을 배워야 한다. 그렇지 않으면 돈이 우릴 통제하게 될 것이다.

지출을 통제할 수 있는 자제력을 기르는 것, 덜 쓰고, 예산을 초과하지 않고, 미래를 위해 저축하는 것은, 우리 삶의 모든 다른 영역에 영향을 미칠 수밖에 없는 습관이다. 마찬가지로, 재정 상태가 엉망이라면 진정으로 생산적이고 만족스럽고 기쁨에 찬 삶을 살아갈 수가 없다. 멋진 삶과 재정적 평화는 함께 가는 것이다. 근근이 살아가는 사람도 있고, 쓸데없이 너무 많이 가져서 어쩔 줄 모르는 사람도 있지만, 대부분의 우리는 그 두 극단 사이 어딘가에 있다. 멋진 삶을 찾는 것은 단지 덜 쓰는 법을 배우는 게 아니라 실제로 우리의 마음을 변화시켜서 세상에서 가장 좋은 물건을 원하고 기대하는 대신 다른 보물 쌓기를 간절히 갈망하는 것이다.

바울이 한 말을 기억하기를. "부자가 되려고 애쓰는 사람은 시험과 함정에 빠지고 사람을 파멸시키는 여러 가지 어리석고 해로운 욕망에 떨어집니다. 돈을 사랑하는 것이 온갖 악의 뿌리가 됩니다. 이것을 가지려고 열망하는 사람들이 믿음에서 떠나 방황하다가 많은 고통을 당하고 마음의 상처를 입습니다."

나는 성경을 읽으며 나에게 몇 번을 되뇌어 말해주었다. 멋진 삶이란 교만하지 않고 덧없는 재물을 탐하지 않고 아낌없이 베풀며 선을 행하는 것이라고.

친구들이여, 이게 바로 멋진 삶이다. 당신의 '본모습'이 아닌, 당신이 갖고 싶은 것, 가졌으면 좋겠다고 생각한 것으로 삶의 가치를 평가하는 덫에 걸려들지 말기를. 비록 당신이 깨닫지 못하고 있을지도 모르지만 당신은 이미 당신 자신만으로도 충분하다. 당신의 집이 얼마나 큰지, 당신이 무슨 차를 모는지, 무슨 옷을 입고 다니는지 따위는 상관없이 당신은 당신 그 자체로 완전하다.

변화를 위해
기도하라

쇼핑중독자에서 "절약 전문가"로의 변신은 하룻밤 새 일어난 일도 아니거니와 아직도 완벽한 것과는 멀다. 어느 날 아침 일어나서, '오늘부터 나는 더 이상 세속 물건들에 관심을 두지 않겠어. 오늘부터 쇼핑을 중단하고, 갈망을 멈추고, 나를 만족시켜주지 않는 물건들로 내 삶을 채우지 않겠어'라고 선언한 게 아니었다. 결코 그런 게 아니었다.

어떤 사람들은 그렇게 했을지 몰라도, 어쩌면 이 글을 읽고 있는 당신도 그렇게 했을지 몰라도, 나에게 그 변화는 아주 느리고 때로는 너무 고통스러운 과정이었다. 온 세상이 여전히 돈을 쓰라고 부추기는 상황에서 평생의 습관을 바꾼다는 것은 무던한 노력, 진지한 영혼의 성찰 그리고 수많은 의식적인 기도 없이는 이룰 수 없는 일이다. 나는 하나님에게 내 마음을 바꾸어달라고, 당신이 원하시는 곳으로 이끌어 달라고, 부디 세속의 물질에 대한 나의 욕망을 없애달라고 기도했다. 지금도 그런 기도를 한다.

그건 아주 끔찍한 기도다. 왜냐하면, 솔직히 나는 세속의 모든 것들을 사랑하기 때문이다. 아름다운 장식품으로 꾸며진 나의 집과 화강암 카운터 상판, 600수 면 시트를 선뜻 포기할 수가 없다. 여전히 멋진 차를 몰고 싶고, 멋진 옷을 입고 싶고, 최신 버전의 아이폰으로 SNS에서 자랑할 만한 사진들을 인스타그램에 올리고 싶다.

그 기도를 시작했을 때, 나의 숭고하지 않은 목표 중에는 돈을 많이 벌어서 이코노미석에 몸을 구겨 넣는 대신 일등석을 타는 것, 더 나아가서, 전용기를 타는 것도 있었다. 때로는 너무 지긋지긋하게 느껴지는 자질구레한 허드렛일을 처리해줄 비서를 둘 여력이 있기를 바랐다. 디자이너 드레스와 그 드레스에 세련되게 어울리는 액세서리로 가득 찬 옷장을 갖고 싶었다. 큰 집을 갖고 싶었고, 그 집을 꾸밀 인테리어 전문가를 고용하고 싶었고, 그 집을 청소할 입주 가정부를 두고 싶었다. 나는 TV에서 본 유명인사의 삶을 원했다. 부자가 되고 싶었다. 유명인이 되고 싶었다. 어떻게든 그 일을 해내고 싶었다.

결국엔 가슴 깊이 자리 잡고 있던 뿌리 깊은 나의 불만족감이 내가 허상을 좇고 있다고 말해주었다. 이미 너무 많은 걸 갖고 있는데도 나는 여전히 공허했다. 꽉 채우고 싶었다. 그러나 물질은 나를 채워주지 않았다. 나를 공허하게 만들었다. 그래서 기도를 시작했다.

이 책의 나머지 장들은 여러분이 알고 있는 것보다 좀 더 실용적인 내용을 담고 있다. 만족 선택하기, 최적 지점 찾기, 목표 정하기, 좀 더 절제하기, 잡동사니 치우기, 예산 세우기, 식비 줄이기, 깨끗한 집 만들기, 돈으로 살 수 없는 것들 소중히 여기기 등에 관해 이야기할 것이다. 이런 제안들이 당신의 삶을 보다 단순하고, 행복하고, 생산적으로 만들 수 있기를 바란다.

멋진 삶을 정의하다

수년에 걸친 나의 여정 속에서 우선순위는 서서히 바뀌기 시작했다. 이제 나는 다른 형태의 풍요로움, 영혼의 충만함에서만 얻을 수 있는 풍요로움을 갈망하고 있다.

시간이 흐르면서 내 블로그의 오래된 태그라인, '예산 안에서 스타일과 호화로움을 찾는 여행'이 더 이상 내가 추구하는 목표에 부합하지 않는다는 사실을 깨달았다. 물론 어쩌다 한 번씩 고상한 취향이나 작은 호사를 더 이상 즐기지 않는 것은 아니다. 그러지 않는 사람이 어디 있겠는가? 그러나 멋진 물건으로 가득 찬 삶은 더 이상 나의 최종 목표가 아니다.

대신 나는 성경에 아름답게 정의되어 있는 멋진 삶을 찾고 싶다. 나는 정의, 신앙, 믿음, 사랑, 인내, 온유함을 추구하고 싶다. 나는 믿음의 선한 싸움을 하고 싶다. 나는 오만해지고 싶지 않다. 너무도 불확실한 부유함 속에서 희망을 찾는 대신, 우리가 즐길 수 있도록 모든 것을 풍요롭게 베풀어주시는 신에게서 희망을 찾고 싶다. 나는 선을 행하고 싶고 선한 행동 속에서 부자가 되고 싶고 너그러워지고 싶고 기꺼이 나누고 싶다. 그 속에서 나는, 진정한 삶을 살아갈 수 있도록, 다가올 미래의 든든한 토대가 되어줄 보물을 쌓을 것이다.

나에게 멋진 삶이란 이런 것이다. 믿음, 가족, 친구, 창의성 속에서 풍요로운 삶. 하나님이 베풀어주시는 풍요로움으로 가득 찬 삶, 지상이 아닌 천국에 보물을 쌓는 삶. 그것은 게으름과 탐욕의 삶이 아닌 절제와 고된 노력, 자기반성의 삶이다. 항상 쉽고 편안하지는 않겠지만 하나님 안에서 우리는 언제나 풍요롭고 완벽하게 안전하다.

그게 바로 내가 원하는 삶이다. 나와 함께하고 싶은가?

도전 과제

멋진 삶을 정의하라

부와 성공, 소유에 대한 이 사회의 강요가 당신에게 어떤 영향을 미치고 있다고 생각하는가? 당신은 항상 더 나은 것, 더 좋은 물건을 끊임없이 갈망하는가? 당신 삶의 목표와 열망은 이 사회의 성공 정의에 바탕을 두고 있는가?

마음속 깊은 곳의 열망과 동기 속에서 달라져야 할 부분을 파악하라. 그것을 종이에 적어보고 변화를 위해 매일 기도하라.

두 번째

단계

만족은

선택이다

만족은 가난한 자를 부유하게 만든다.

불만은 부유한 자를 가난하게 만든다.

벤저민 프랭클린

우리는 아무것도 세상에 가지고 오지 않았으므로,

아무것도 가지고 떠나갈 수 없습니다.

우리는 먹을 것과 입을 것이 있으면, 그것으로 만족해야 할 것입니다.

디모데전서 6장 7절-8절

나의 큰딸을 통해 똑똑히 볼 수 있다. 그 아이는 끊임없이 갈망하고 원하고 항상 더 갖고 싶어 한다. 원하는 것을 손에 넣는 바로 그 순간 다른 것을 원하고, 끊임없이 손이 닿지 않는 곳의 무언가를 열망한다. 그 아이는 그 순간을 즐길 수 없는 것 같고, 가진 것에 만족하기보다는 갖지 못한 것을 걱정하는 것 같다. 좀처럼 충족될 줄 모르는 그 아이의 열망이 가끔 나는 두렵다.

그런데.

우리는 가장 좋아하는 레스토랑에서 기념일을 자축하며 식사를 하고 있다. 전통을 자랑하는 플로리다풍 레스토랑으로 턱시도를 입은 웨이터들이 시중을 들고, 흰 리넨과 싱그러운 꽃으로 장식된 식탁에, 해산물이 매일 그날그날 공수되어 오고, 저녁식사가 단지 한 번의 경험이 아닌 이벤트인 식당이다. 우리가 주문한 음식이 도착하고 나의 파스타 프리마베라를 맛보기 위해 포크를 든다. 맛이 기가 막히다. 그러나 나는 절묘하게 어우러진 향료들과 이 집에서 가장 유명한 레몬 크림소스의 맛을 거의 음미하지 못한다. 이미 내 앞에 있는 디저트 메뉴를 보면서 조금 이따 주문할 생각인 서던 피칸 프랄린 타르트를 꿈꾸고 있기 때문이다. 그러다가 남편이 선택한 음식을 본다. 허브크러스트에 벌꿀을 끼얹어 구운 연어. 굉장히 먹음직스럽고 신선해 보이고 완벽하게 비늘이 벗겨졌고, 한 입 한 입 음미할 때마다 그가 천국에 있다는 것을 보기만 해도 알겠다. 나는 애처로운 눈빛으로 그의 접시를 바라본다. 부디 그가 조금 나누어주길 바라면서.

'왜 난 저걸 주문하지 않았을까?'

옷장을 열면 5분 내내 입을 옷을 고르며 서 있다. 눈앞에 보이는 것들이 하나같이 흉측하고 실망스럽다. "입을 게 없어!" 내가 소리친다. "내 옷장에 있는 것들은 전부 다 너무 흉측해!" 남편은 동요하지 않고, 수없이 그 상황에 처했던 남자만이 지을 수 있는 분노의 표정을 짓는다. 나는 다시 한 번 소리친다. "게다가, 하나같이 입으면 뚱뚱해 보여!" 그는 나를 이성적으로 설득하려 애쓰지만 우리 둘 다 그런 시도가 좋게 끝날 리 없다는 것을 알고 있다. 그런데도 그는 도저히 참을 수가 없다. "당신 지난주에 바지 두 벌 주문하지 않았어? 새 부츠도? 그리고 몇 주 전엔 앤스로폴로지에서 티셔츠도 주문했잖아!" 남편의 말이 옳다는 걸 알면서도 내 마음을 설명할 수가 없다.

'나는 대체 무얼 찾고 있는 것일까?'

최근에 착수한 집수리 프로젝트 때문에 나는 온통 페인트 범벅이다. 접대실이었다가 잡동사니 방으로 전락한 방을 보다 실용적인 가족 공간으로 개조하는 공사를 하는 중이다. 이번 수리는 남편을 위한 깜짝 선물이고, 남편은 회사일로 출장 중이고, 지난 나흘 동안 나는 계획을 세우고 준비하고 용품을 조달하느라 쉴 틈이 없었다. 새 바닥재, 새 선반, 그리고 새 가구, 마침내 우리의 이상에 어울리는 새로운 공간을 갖게 되다니. 그런데도 나는 완전히 신경과민 상태다. 과연 남편이 좋아할까? TV에서는 이런 깜짝쇼가 참 재미있어 보이던데. 나는 딸들과 함께 초조하게 남편이 돌아오기를 기다리고, 마침내 문이 열리는 소리를 듣는 순간 가시방석이다. 사실 걱정할 필요가 없었다. "멋진데?" 그가 말한다. "진짜 마음에 들어!" 그리고 그는 내가 미처 생각하지 못했던 점을 지적한다. "이렇게 되면 드디어 우리 집 방은 전부 수리가 끝난 거지?" 나는 고개를 젓는다. 아니, 절대 그렇지 않아. 아직 할 일이 많거든. 끝나려면 아직 멀었어.

'언제쯤 끝이 날까?'

왠지 몸 상태가 좋지 않아서 아침나절을 침대에서 보낸다. 휴식을 취하면서 그동안 밀린 잡지나 훑어보기로 한다. 이불 속에 편안하게 누워 내가 가장 좋아하는 잡지 석 달치에 둘러싸여 있다. 〈하우스 뷰티플House Beautiful〉 〈베터 홈스 앤드 가든스Better Homes and Gardens〉 〈마사 스튜어트 리빙Martha Stewart Living〉 〈리얼 심플Real Simple〉 〈서던 리빙Southern Living〉 그리고 〈피플People〉과 〈유에스 위클리US Weekly〉 최신 호까지. 머릿속이 집과 부엌과 메뉴와 옷장을 개선할 아이디어로 가득 차오르면서 가슴속에서 소용돌이가 시작된다. 갑자기 좀 정돈되어 보이고 주방용품들이 잘 갖추어져 있는 부엌, 하루 종일 아무것도 안 하고 요리만 할 수 있는 전문가용 부엌이 갖고 싶다. 할리우드의 최신 소식을 읽으면서 나는 왜 좀 더 날씬하고 좀 더 아름답고, 24시간 비행 후 로스엔젤레스 공항에 도착했을 때에도 사진을 찍기에 완벽한 모습이 될 수 없는지 생각해본다. 나는 잡지를 내려놓고 페이스북을 훑어보기 시작하고, 친구 중 한 명이 방금 욕실 공사를 마쳤고 또 한 명은 주문제작한 닭장에서 유기농 달걀을 수확했다는 소식을 접한다. 임신한 사람도 있고 최근에 갔던 타히티 여행 사진들을 올려놓은 사람도 있다. 조그맣고 귀여운 비키니를 입은 그녀는 검게 그을린 데다 행복하고 날씬해 보인다. 그녀를 미워하지 않으려 무진 애를 쓰지만 자꾸만 나는 뭔가 부족한 것 같은 기분이 든다.

'나는 도대체 왜 저렇게 살 수 없는 걸까?'

글을 써야 했지만 대신 그날 오후는 내가 가장 좋아하는 블로그들을 확인하며 보낸다. 어떤 사람의 책은 방금 〈뉴욕 타임스〉 베스트셀러가 되었고 또 어떤 사람은 페이스북 친구가 2만 명이 넘는다. 육아의 고충에 관한 재미있고도 날카로운 글이 인기를 끌어서 〈투데이 쇼〉에 출연한 사람도 있다. 나는 그들의 성공을 나의 성공과 비교해보면서 나 자신의 가치를 의심하기 시작한다. 불과 지난주에 달성한 나의 직업적 성공은 어느새 잊어버린다. 하나의 목표를 달성하는 순간, 나는 이미 다음번 성공에 굶주려 있었다. 한 단계만 더 올라가면 되는데. 그 끝에 무엇이 있는지는 나도 잘 모른다. 그곳에 도착하면 알 거라고 스스로에게 말한다.

'언제쯤이면 그곳에 도착할 수 있을까?'

아이들은 종종 우리의 모습을 그대로 반영한다. 나는 딸이 보이는 불만족과 두려움이 나의 일상에 항상 존재하는 것임을 알고 있다. 너무도 자주, 뭔가 새로운 것을 원하는 나, '저기'가 '여기'보다 나을 거라 생각하는 나, 지금 만족하지 못하는 이유는 X를 갖지 못해서, 혹은 Y를 달성하지 못해서라고 스스로를 설득하는 나의 모습을 발견하곤 한다. 시도 때도 없이 내게 슬금슬금 다가오는 거짓말들이다.

나만 이런 건 아닐 것이다. 이 모든 것이 우리 모두가 저항하고 물리쳐야만 하는 거짓말들이다. 거짓말을 물리치는 것은 의식적인 결단이고 매일 부단히 노력해야 하는 일이다. 우리가 의도적으로 이겨야 하는 싸움이다. 우리는 만족을 '선택'해야만 하는 것이다.

물론 말이 쉽다.

때로 세상은 커다란 하나의 광고이고, 행복하고 성공하려면 뭐가 필요한지 우리에게 말해주려고 온 세상이 작당한 것처럼 느껴질 때가 있다. TV, 책, 온라인 미디어, 잡지, 광고판, 심지어는 친구들이나 가족에게서 받는 메시지의 홍수 속에서 더 많이, 더 많이, 더 많이 가져야 한다는 압박을 떨쳐내기란 현실적으로 불가능하다. 그 메시지의 상당 부분은 물질로 삶을 채우라는 것이고 물질이 우리를 행복하게 해줄 거라는 내용이다. 때로는 보다 나은 사람이 되어야 한다고 동기를 부여하는 메시지일 수도 있다. 어떤 내용이건, 지금 우리가 갖고 있는 것, 지금 있는 그대로의 우리가 충분하다는 메시지는, 설령 있다고 해도 지극히 드물다. 만족이라는 개념은 팔리지 않는다.

그렇다면 다양한 방식으로 결핍을 느끼게 만드는 이 세상에서 어떻게 하면 만족을 '선택'할 수 있을까? 어떻게 하면 우리에게 뭐가 부족한지 고통스러울 정도로 분명한데도 지금 갖고 있는 것에서 충족감을 느낄 수 있을까? 우리가 갖지 못한 것에 대한 열망이 도무지 충족되지 않는 것처럼 느껴질 때 어떻게 하면 만족감을 느낄 수 있을까?

무엇이 가장 소중한가?

유일한 현실적인 해결책은 우리 뇌로 전달하는 메시지를 바꾸는 것이다. 그것은 우선순위를 깨닫는 것에서 시작된다. 우리 삶에서 가장 소중한 게 무엇인지 완벽하게 인식하고 있지 않으면 우리 앞길을 가로막는 것에 휩쓸려가기 쉽다. 가장 소중한 것에 대한 정확한 인식에 바탕을 둔 정밀한 안내 지도가 없으면 지금 갖고 있는 것보다 새것이 조금이라도 낫다는 생각을 떨쳐버린다는 것이 거의 불가능하다.

지금 우리에게 소중한 것을 실제로 적어보는 시간을 가져보면 어떨까? 삶에서 가장 원하는 게 무엇인지 잠시 시간을 갖고 생각해보면 우리의 관점이 어떻게 달라질까? 그 목록에 더 큰 집, 더 좋은 옷, 더 좋은 차, 혹은 최신 전자제품을 소유하는 것이 포함되어 있는가? 우리의 가장 높은 소망에 정말 그런 물질들을 더 소유하는 것이 포함되어 있는가?

한 발짝 더 나아가서 이런 질문을 던져보면 어떨까?

'내가 내일 죽는다면 사람들이 나의 어떤 점을 기억해줄까?'

여러분은 어떨지 모르겠지만, 나는 친구들이 내가 신은 아찔한 구두나 완벽하게 꾸민 집, 심지어 내가 열었던 파티와 내가 만든 음식들로 날 기억해주기를 바라지 않는다. 그들이 내 삶을 돌아보며 '자기밖에 모르는 여자였어'라든가, '그 여잔 남을 전혀 돕지 않았어'라든가 '와! 쓸데없는 물건을 참 많이도 쌓아두었군!'이라고 생각하기를 바라지 않는다.

성경에서는 천국에 재물을 쌓으라고 말한다. 보물이 있는 곳에 우리의 마음이 있기 때문이다. 우리의 최종 목표를 기억한다면 우선순위를 정하고 가장 소중한 게 무엇인지 결정하기가 한결 수월해진다. 성경은 무엇이 우리의 우선순위가 되어야 하는지 아주 분명히 알려준다.

> 성령의 열매는 사랑과 기쁨과 화평과 인내와 친절과 선함과 신실과 온유와 절제입니다. 이런 것들을 막을 법이 없습니다.
>
> 갈라디아서 5장 22절-23절

그러므로 여러분은 하나님의 택하심을 입은 사랑받는 거룩한 사람답게, 동정심과 친절함과 겸손함과 온유함과 오래 참음을 옷 입듯이 입으십시오. 누가 누구에게 불평할 일이 있더라도, 서로 용납하여 주고, 서로 용서하여 주십시오. 주님께서 여러분을 용서하신 것과 같이, 여러분도 서로 용서하십시오. 이 모든 것 위에 사랑을 더하십시오. 사랑은 완전하게 묶는 띠입니다.

골로새서 3장 12절-14절

마지막으로, 형제자매 여러분, 무엇이든지 참된 것과, 무엇이든지 경건한 것과, 무엇이든지 옳은 것과, 무엇이든지 순결한 것과, 무엇이든지 사랑스러운 것과, 무엇이든지 명예로운 것과, 또 덕이 되고 칭찬할 만한 것이면, 이 모든 것을 생각하십시오.

빌립보서 4장 8절

사랑에는 거짓이 없어야 합니다. 악한 것을 미워하고, 선한 것을 굳게 잡으십시오. 형제의 사랑으로 서로 다정하게 대하며, 존경하기를 서로 먼저 하십시오.

로마서 12장 9절-10절

반복되는 주제를 발견했는가? 우리가 사랑과 기쁨과 평화의 삶을 살아야 한다는 건 너무도 분명하다. 친절과 인내, 온유함과 자제를 실천하는 삶. 연민과 겸손으로 봉사하는 삶. 모든 것을 최고 수준으로 소유하거나, 최대한으로 소유하거나, 심지어 날씬해지거나 아름다워지거나 우아하게 차려입는 것에 관해서는 어떤 언급도 없다.

우리 주위를 둘러싼 것들을 갈망하는 덫에 걸려들기란 너무도 쉽다. 핀터레스트를 몇 분만 훑어내려도 우리가 갖지 못한 게 얼마나 많은지 알 수 있다. 반면, 만질 수 없는 것을 적극적으로 추구하고, 볼 수도 느낄 수도 없는 것을 진정으로 원하려면 엄청난 노력이 필요하다. 그러나 영원의 관점에서 우리 자신을 바라본다면, 아주 잠깐이라도 그렇게 해본다면, 지금 당장 우리가 원하는 것들, 명품 옷과 더 큰 집과 더 예쁜 주방을 갖는 것은 그다지 중요하지 않다.

초록 눈의 괴물을 길들여라

물론 우선순위를 정하는 것은 단지 첫 단계일 뿐이다. 무엇을 목표로 나아가야 하는지 알면서도 여전히 일상의 유혹에 흔들리는 게 바로 인간이다. 얼마나 많이 가졌건 상관없이, 다른 사람들이 무얼 하는지, 어떻게 사는지, 무엇을 가졌는지가 너무 쉽게 눈에 들어오고 갑자기 나에게도 그게 필요하다는 생각이 든다. 그 초록 눈의 괴물은 우리 모두의 마음속에 살고 있다.

작가로서 나는 끊임없이 다른 작가들과 나를 비교하고 싶은 유혹에 시달린다. 잘나가는 작가들을 보면서 생각한다. '저 사람들은 왜 나보다 훨씬 잘하지?' 생각에 잠기게 만드는 예리한 통찰이 담긴 글을 읽으면 궁금해진다. '왜 나는 이런 생각을 하지 못했을까?' 거기서 멈추지 않는다. 내가 하고 있는 모든 일에 회의가 생기고 나의 길, 나의 만족, 나 자신의 가치를 폄하한다. 갑자기 내가 쓰는 모든 글이 쓰레기가 되고 전부 다 때려치우고 싶다.

여러분의 비교 유혹은 나와 다를 수 있겠지만, 어쨌든 여러분도 어딘가 부족한 것 같은 기분을 느끼고 있을 가능성이 높다. 상대는 성경 연구 모임에 나온 여자들일 수도 있다. 그들은 모든 것에 초연해 보인다. 항상 책 전체를 일정에 맞추어 읽어오고, 심오한 질문과 지적인 통찰력을 보여주는 목록으로 무장해 있다. 반면, 당신은 처음 두세 장을 겨우 읽고 책의 주제를 감이라도 잡아보려고 온라인 서점의 상세한 서평을 검색한다. 저녁 시간의 대부분을 제발 아무도 내 의견을 묻지 않게 해달라고 미친 듯이 기도하며 보내고, 왜 이렇게 정신을 못 차리는지 매달 회의가 든다.

어쩌면 당신은 근사해 보이는 언니의 삶을 부러워할 수도 있다. 언니는 한때 참 다정했고, 평범한 사람이었는데, 최근에 함께 커피를 마실 때면 항상 자랑을 한다. 남편이 방금 이사로 승진했다거나, 뉴욕 시티로 깜짝 주말여행을 다녀왔다거나, 새로 산 신형 아우디, 혹은 반짝이는 2캐럿짜리 다이아몬드 등등. 그녀가 가정부 구하기가 얼마나 어려운지 불평하고, 최근에 컨트리클럽에서 벌어진 사건에 대해 쉴 새 없이 넋두리를 할 때면 "지금 그런 걸 고민이라고 말하는 거야!"라고 소리 지르지 않으려고 온 힘을 끌어모은다. 그러면서도 한편으로는 그녀가 가진 것 반만큼이라도 있었으면 좋겠다는 생각을 하지 않을 수 없다.

어쩌면 당신으로 하여금 뭔가 부족한 것 같은 기분이 들게 만드는 사람은 학부모 모임의 다른 엄마들일 수도 있다. 그녀는 성인군자 수준의 인내심을 가진 데다 남의 험담을 하는 법이 없다. 아이들과 함께 앉아 레고를 할 때면 마치 그게 세상에서 가장 재미있는 일이라는 듯 얼굴이 환해진다. 당신은 그녀가 지닌 열정을 조금이라도 갖고 싶다. 또 어떤 엄마는 매일 아침 5마일을 달리고, 샐러드만 먹고, 그 사실을 증명하는 완벽한 몸매를 지니고 있다. 멋진 옷과 짧은 스커트가 그녀의 긴 다리와 잔 근육들을 드러낸다. 그렇게 보기 좋은 몸매를 가꾸기 위해 투자할 시간과 에너지가 있으면 좋으련만. 또 어떤 사람은 성공을 향해 질주하고 있고 올해 들어 벌써 세 번째로 승진했다. 그녀는 자신의 일에 진심으로 만족하고 열정을 느끼는 것 같다. 그녀와 대화를 나눌 때마다 당신도 그렇게 진정으로 사랑하는 일이 있었으면 좋겠다고 부러워한다.

어떤 불만이 엄습해오건, 혹은 우리가 스스로 뭔가 부족하다고 느끼건, 그 초록 눈의 괴물은 우리가 허락하기만 하면 언제든 우릴 파괴할 수 있다. 진정한 만족은 바깥세상을 내다보는 것으로는 결코 찾을 수 없다. 눈에 보이는 모든 것을 가지려고 몸부림치고 있다면, 이제 '보는 것'을 멈추어야 한다. 블로그와 잡지를 그만 보아야 하고 뭔가 부족하다고 느끼게 만드는 TV쇼도 그만 보아야 한다. 그런 불안감, 그런 갈망을 유발하고 그 괴물을 수면으로 끌어올리는 사람이 있다면 당분간 그 사람을 보지 않는 것도 한 방법이다. 마음속의 불만을 다스릴 수 있을 때까지만이라도.

반드시 기억해야 할 것은 다른 사람의 성공이나 재능이 우리의 삶을 무의미하게 만들지는 않는다는 점이다. 마찬가지로, 다른 사람의 부유함이 우리의 삶을 가치 없는 것으로 만들지도 않는다. 우리에겐 각자 부여받은 선물이 있다. 그 어떤 두 사람도 정확히 똑같은 길을 가지 않고, 다른 사람이 갖고 있는 물건은 우리가 이미 채우고 있지 않는 한 결코 우리를 채워주지 않는다. 우리가 해야 할 일은 오직 가야 할 길에만 시선을 고정하고 우리가 가진 능력을 최대한 발휘하면서 그 길을 가는 것뿐이다.

내게 주어진 것들에 감사하라

불만족은 어느 틈엔가 우리 곁에 다가오고, 때로 우리는 그런 일이 일어나고 있다는 것조차 알아차리지 못한다. 원하는 대로 일이 풀리지 않을 때면 갑자기 세상의 모든 게 다 마음에 안 든다. 우리 아이들도 그런 모습을 보이곤 하는데, 아이들은 어느 한순간 완벽하게 만족하다가도 이내 다른 것을 요구한다. 우리가 누리고 있는 삶이 얼마나 축복인지에 대해, 우리가 감사해야 할 일들에 대해 매일 대화를 나누는 것은 나와 아이들 모두에게 도움이 된다. 우리는 그것을 감사하는 마음이라고 부른다.

우리는 근심과 요구사항을 신보다 위에 두곤 한다. 때로는 마치 패스트푸드를 주문하듯 기도를 외친다. "좋아요, 하나님. 제가 지금 약간의 은총, 축복, 두 배의 인내가 필요한데요. 아, 기왕 주시는 거 치유도 좀 추가해주시죠?"

우리는, 적어도 나는, 잊어버린다. 신이 우리의 삶에, 그리고 다른 이들의 삶에 베풀어주신 것들에 의식적으로 감사해야 한다는 사실을. 우리가 누리고 있는 모든 특별한 축복들의 목록을 작성해보는 시간을 가져본다면 세상을 바라보는 우리의 관점에 큰 도움이 될 것이다. 끊임없이 감사하는 태도야말로 초록 눈의 괴물을 물리치는 가장 빠른 방법이다.

물론, 당신이 지금 몹시 불만족스러운 상태라면 축복받았다는 생각이 들지 않을 것이다. 심지어 어디서 시작해야 할지도 모를 것이다.

만약 그렇다면, 이런 것들을 생각해보기를.

이 책을 읽을 수 있다. 유네스코에 의하면 전 세계 성인 인구의 26퍼센트가 문맹이고 그중 여성이 3분의 2를 차지한다. 빈곤국가와 높은 문맹률은 상당히 밀접한 관계가 있다. 더구나 중국, 이란, 시리아, 사우디아라비아, 베트남, 북한 같은 나라에서는 책, 신문, 심지어는 인터넷까지 접촉이 지극히 제한된다. '읽을 수 있다는 것은 축복이다.'

굶주리지 않았다. 지난 24시간 동안 당신은 적어도 세 번 이상 제대로 된 식사를 했을 것이고, 아마도 식량 부족으로 인한 고통이나 탈진 상태 혹은 다음 식사를 어디서 해결해야 할지 모르는 두려움을 경험하지 못했을 확률이 높다. 유엔식량농업기구에 의하면, 대략적으로 전 세계 인구의 8분의 1 정도인 8억 7천만 명 정도가 만성적 기아에 허덕이고 있다. '먹을 수 있다는 것은 축복이다.'

약을 구할 수 있다. 워싱턴에서는 의료 서비스에 관한 논쟁이 한창이고 물러설 수 없는 주장들이 팽팽하지만, 때로 우리는 그런 논쟁을 할 수 있다는 것 자체가 얼마나 행운인지를 잊는다. 항생제, 백신, 진통제, 태아 관리처럼 우리의 건강을 지켜주는 것들에 대해 두 번 생각하지 않는다. 그러나 세계보건기구에 의하면 13억에서 21억 명의 인구가 가장 기본적인 의약품조차 구할 수 없는 상황에 처한 것으로 추정된다. 세계보건기구는 또한 의약품의 부족이 기대 수명의 감소와 밀접한 관련이 있다고 발표했다. '양질의 의료 서비스를 받을 수 있는 것도 축복이다.'

운전할 수 있다. 당신이 꿈꾸어오던 신형 아우디는 아닐 수 있다. 더럽고 찌그러지고 전성기를 한참 넘긴 차일 수도 있다. 그러나 당신에게 운전할 승용차가 있다면 당신은 전 세계 인구의 9퍼센트 안에 드는 행운아다. '이동 수단이 있다는 것은 축복이다.'

오늘 밤 잘 곳이 있다. 심지어 당신만의 침대도 있을 것이다. 이불과 담요, 베개까지도. 유엔인권위원회에 의하면 전 세계 인구 중 1억 명이 집이 없다. '집이라고 부를 수 있는 곳이 있다는 것은 축복이다.'

불을 켤 수 있다. 100달러 이상의 전기세 청구서를 들고 감사하기란 쉽지 않지만, 하루 혹은 이틀만 전기 없이 지내보면 다시는 불평하지 않을 것이다. 믿거나 말거나, 전 세계 12억 명 정도의 인구가 여전히 전기를 사용하지 못하고 있다. '전기는 축복이다.'

당신은 목마르지 않다. 물이 어디서 오는지, 또 어디로 가는지 생각할 겨를도 없이, 하루에 몇 번이나 물을 마시고 변기 물을 내리고 손을 닦는가? 그러나 전 세계 7억 8천만 명의 사람들이 깨끗한 물을 구하지 못한다. 그보다 더 서글픈 것은 상당수의 어린이를 포함한 3백4십만 명의 사람들이 물과 관련된 질병으로 사망한다. '깨끗한 물은 축복이다.'

우리보다 많이 가진 사람들의 삶과 우리의 삶을 비교하기를 멈추고, 가진 것에 감사하기 시작하는 순간 이상한 마법이 일어난다. 기본적이고 따분한 것들을 너무 당연하게 누리고 있지만 우리는 너무 많은 사람들이 갖지 못한 것을 갖는 축복을 누리고 있다. 이미 누리고 있는 것을 볼 수 있을 정도로 마음을 연다면, 우리가 보는 세상은 갈망의 세상이 아닌 넘치는 감사와 기쁨의 세상으로 바뀔 것이다.

불안을
뒤집어라

물론 그러한 감사와 기쁨은 덧없이 흘러가고 너무도 쉽게 회의가 그 자리를 메운다. 한순간 괜찮다가도 이내 불안감에 휩싸인다. 그리고 아주 정직하게 말하자면, 부족함 속에서 만족을 선택하는 전쟁은 결코 끝나지 않는다. 잘 버티다가도 어느 순간 도저히 감당할 수 없을 정도로 버거워져서, 모두가 나보다 더 똑똑하고, 더 잘 살고, 더 성공한 것만 같다.

얼마 전에 콘퍼런스에 다녀왔는데, 거기 참석한 사람 중 내가 아는 사람이 한 명도 없었다. 이렇게 사교적이어야만 하는 상황에 처하면 나는 남몰래 겁에 질린다. 나를 '드러내놓아야만 하는' 상황이고 외향적인 척, 다정한 척해야만 하는 상황이고, 그럴 때면 호텔 방에 들어가 숨어버리고 싶은 생각이 굴뚝같다. 시작부터 덜그럭거렸다. 첫날 일정이 진행되면서 나는 나보다 훨씬 성공한 회의장 안의 다른 사람들과 날 비교하고 있었고 내가 할 수 있는 일이라고는 나 자신에 대한 회의에 휩싸여 쪼그라드는 것뿐이었다.

그날 일정이 끝나갈 무렵, 나는 내 친구의 친구를 알아보았다. 개인적으로 알지는 못했지만 친구를 통해 들어서 알고 있는 사람이었다. 나보다 월등히 나은 사람들 틈에서 그녀가 나의 동지가 되어주리란 걸 알 수 있었다. 그녀는 이야기를 나누느라 바빴고 나는 내 자리에 15분 정도 앉아 인사를 건넬 용기를 끌어모으느라 애썼다. 마지막으로 심호흡을 하고, 방을 가로질러서, 머뭇거리며, 어색하게 그리고 고통스럽게 나 자신을 소개했다.

그녀는 두 팔 벌려 날 환영하지는 않았다. 이제야 드는 생각이지만 불안감이 상황에 대한 나의 판단력을 왜곡했을 것이다. 그 순간 나의 호의를 받아줄 생각이 없는 여자와 친구가 되어보려다가 거절당하고 모욕당한 것 같은 기분이 나를 짓눌렀다. 그보다 더 빨리 내뺄 수는 없었을 것이다. 마침내 방으로 돌아왔을 때 나는 침대에 쓰러져서 잘 때까지 울었다.

만약 그럴 수만 있었다면 곧바로 다음 비행기를 타고 집으로 돌아왔겠지만 이런 젠장, 나는 꼼짝없이 발이 묶인 신세였다. 다음 날 아침

내가 여행에 얼마나 예민한지 알고 있는 친구 에디가 안부전화를 걸어왔다. "여행 어때?" 그녀가 다정하게 물었다. "뭐 좀 배우고 있어?" 나는 울지 않으려 애쓰면서 이 콘퍼런스에 온 것 자체가 엄청난 실수였다고 말했다. "나 완전 낙오자야. 내가 도대체 여기서 뭐 하는 건지 모르겠어. 난 이런 데 올 자격이 없는데."

내가 처한 상황에 안타까워하면서도 에디는 내가 자기 연민에 빠지는 것을 용납하지 않았다. 그녀는 내가 이 상황 자체를 완전히 잘못 인식하고 있다고 말했다. "넌 온통 네 자신만 생각하고 있잖아." 그녀가 말했다. "다른 사람들한테 무얼 줄 수 있는지 생각해야지." 그러더니 그녀가 말하기를 물론 콘퍼런스에는 나보다 훨씬 성공한 사람들이 있겠지만 불안해하는 사람도 그만큼 많을 거라고 했다. "네가 얼마나 불편한지만 생각하지 말고, 대신 네가 축복해줄 수 있는 사람이 있는지 찾아봐."

그녀의 말이 너무도 옳다는 것을 나는 알고 있었고 그래서 어른답게 정신을 차리고 다시 콘퍼런스로 돌아가서 다른 사람을 축복해줄 방법을 찾았다. 알고 보니 조언해주거나 격려해주어야 할 사람들이 넘치고 있었다. 그때 다시 한 번 깨달았다. 그런 상황에서 불안감에 압도당하기란 너무도 쉽다. 왜냐하면 그럴 때 우리는 나약해지고, 안으로만 향하고, 자신의 근심과 두려움에만 초점을 맞추고, 누군가 다가와 우리가 너무도 간절히 듣고 싶은 인정과 격려를 해주기만 바라기 때문이다. 하지만 그건 완전히 잘못된 접근이다. 우리 자신의 불안감에 집중하는 것은 불에 기름을 붓는 격이다. 대신 그 불안감을 뒤집어 다른 사람들이 우리에게 무얼 해줄지보다 우리가 그들에게 해줄 수 있는 것에 집중하기로 의식적인 선택을 한다면 비로소 만족이 우리를 찾아올 것이다.

유혹을 제거하라

때로 만족을 찾는다는 것은 우리를 비틀거리게 만드는 것들을 제거하기로 마음먹는 것처럼 지극히 단순한 일이다. 말하자면, 우리를 쓸모없게 느끼게 만들고, 우리가 가진 게 충분치 않다는 느낌을 갖게 만드는 모든 것들과 거리를 두는 것이다. 나에겐 그것이 각종 마켓과 쇼핑몰, 내가 가장 좋아하는 온라인 쇼핑몰의 이메일이나 카탈로그를 수령하지 않기로 결심하는 것이었다. 그것은 특정한 블로그나 잡지를 보지 않는 것을 의미했고 HGTV[7]의 모든 프로를 시청하지 않는 것을 의미했다. 한동안 친구들을 덜 만나는 것을 의미했다.

놀라울 것도 없이, 바로 이런 만족의 선택들이 덜 쓰기 위한 나의 전쟁에 가장 큰 도움을 주었다. 더 많이 원하게 만드는 유혹을 피한다는 것은 더 많은 것을 사고 싶은 유혹을 피하는 것이다. 그야말로 윈윈 전략이다.

진정 만족하는 삶은 우리가 노력해서 얻는 것이고 우리가 실제로

7 Home and Garden TV, 미국의 인테리어 전문 채널

선택해야 하는 것이다. 그것은 우리의 우선순위를 파악하기 위해 시간을 투자하는 것이고 우리 삶에서 가장 소중한 것이 무엇인지 아는 것이다. 주위에서 번쩍거리는 모든 물건들 대신 눈에 보이지 않는 것들을 의식적으로 갈망하는 것이다. 다른 사람들이 무얼 가졌는지 보기를 멈추고, 마음속에 항상 존재하는, 수면 바로 밑에서 부글거리는 비교 의식과 시기 성향을 다스리기 위해 노력하는 것이다. 이미 주어진 모든 것들에 감사하는 태도를 갖고 우리의 불안감을 기꺼이 뒤집을 수 있는 것이다. 마지막으로, 우리를 유혹하는 요소들을 실제로 제거하는 것이다.

그런 선택을 할 준비가 되었는가?

도전 과제

만족을 선택하라

당신의 우선순위가 무엇인지 잠시 생각해보라. 당신에게 가장 중요한 것은 무엇인가? 당신은 어떤 사람이 되고 싶은가? 그러고 나서 한 발짝 더 나아가라. 만약 당신이 내일 죽는다면, 사람들이 당신을 어떻게 기억해주기를 바라는가?

그다음에는 당신이 자주 비교하게 되는 사람들에 대해 생각해보라. 그들 삶의 어떤 점이 부럽고 또 질투 나는가? 그들이 가진 것을 갖게 된다면 과연 당신의 삶이 달라질 것인가? 이제 당신이 누리고 있는 모든 축복과 선물을 생각해보라. 그것들을 적어보고 기도하고, 당신에게 베풀어준 모든 것에 대해 하나님께 감사하라.

마지막으로 어떻게 하면 당신 삶에서 유혹을 없앨 수 있는지 생각해보라. 어떤 쇼핑몰을 멀리할 수 있는가? 어떤 잡지, TV쇼, 웹사이트를 꺼버리거나 피할 수 있는가? 블로그, 페이스북, 인스타그램 등 부러움 가득한 눈빛으로 훔쳐보는 친구들을 끊을 수 있는가? 유혹을 멀리할 수 있는 확실한 방법을 찾아라.

세 번째

단계

누구에게나 최적 지점이 있다

사람들은 자신의 최적 지점에 있을 때 가장 성공적이다.
당신의 최적 지점은 당신의 열정과 강점이 만나는 교차로에 있다.

켄 콜만

하나님께서 우리에게 주신 은혜를 따라, 우리는 저마다 다른 신령한 선물을 가지고 있습니다. 가령, 그것이 예언이면 믿음의 정도에 맞게 예언할 것이요, 섬기는 일이면 섬기는 일에 힘써야 합니다. 또 가르치는 사람이면 가르치는 일에, 권면하는 사람이면 권면하는 일에 힘쓸 것이요, 나누어주는 사람은 순수한 마음으로, 지도하는 사람은 열성으로, 자선을 베푸는 사람은 기쁜 마음으로 해야 합니다.

로마서 12장 6절-8절

내 친구 앨리샤는 워싱턴 벨링햄 시내에서 자기만의 헤어살롱과 부티크를 성공적으로 운영하고 있다. 작고 사랑스러운 가게는 온통 세련되고 맵시 있고 반짝이는 것으로 가득하다. 가게는 이름도 어울리게 '블리스Bliss'이고, 가게 안에 들어서는 순간 왠지 좀 더 화려해지고, 좀 더 예뻐지고, 좀 더 특별해진 것 같은 기분이 든다. 멋진 진열대는 세심하게 선별된 상의, 스커트, 드레스로 가득 차 있다. 앨리샤가 남다른 안목으로 직접 구입한 것들이다. 머리를 손질할 때나 옷을 스타일링할 때 앨리샤는 가게에 들어온 사람 모두가 자신을 정말 아름답고 특별한 존재인 것처럼 느끼게 만드는 재주가 있다. 앨리샤는 자기 일을 그저 잘하는 정도가 아니라 정말 뛰어나게 잘한다.

앨리샤와 나는 6학년 때부터 친구였다. 앨리샤는 나의 가장 오래된 친구이자, 가장 소중한 친구이고, 그래서 사람들이 그녀를 과소평가하던 시절에도 나는 항상 앨리샤를 각별히 생각했다. 고등학교 시절 나는 특별히 노력하지 않았지만 'A학점' 학생으로서의 명성을 유지하며 수월하게 지낸 반면, 앨리샤는 나보다 훨씬 더 열심히 공부했지만 '평범한' 학생으로 분류되었고 주로 C를 받았다. 앨리샤는 운동을 하지 않았고, 클럽이나 연극 모임에 참석하지 않았으며, 학생회에 뽑히지도 않았고, 연감이나 학교신문에도 관심이 없었다. 앨리샤는 사람들의 눈에 뜨인 적도, 관심을 끈 적도 없었다. 대부분의 사람들에게 앨리샤는 그저 평범한 아이였다. 특별할 것 없는 아이였고 쉽게 잊히는 아이였다.

그러나 사람들은 나만큼 앨리샤를 알지 못했다. 사람들은 앨리샤의 조용한 근성과 단호함을 알지 못했다. 앨리샤가 고등학교 생활을 어떻게 했는지 알지 못했다. 다른 아이들이 여러 가지 활동에 참여하고 있을 때 앨리샤는 커뮤니티칼리지와 미용학교에 진학할 돈을 모으고 있었다. 사람들은 앨리샤가 겪어야 했던 개인적인 비극에 대해 알지 못했다. 앨리샤는 아버지를 일찍 여의었고 20대 초반에 오빠마저 잃었다. 그 비극은 앨리샤에게 인생은 짧고 소중한 것이며, 꿈을 이루기 위해 더 열심히 노력해야 한다는 깨달음을 주었다. 앨리샤가 더 나은 사람이 되려고 끊임없이 자신을 채찍질했다는 것도, 자기 분야의 전문가가 되기 위해 배울 수 있는 것들을 전부 다, 미용에만 머물지 않고 패션과 스타일과 성공적으로 사업을 운영하는 방법까지 두루 공부했다는 것을 사람들은 알지 못했다. 상황이 끔찍할 때에도 앨리샤는 자신이 사랑하는 일을 계속했다는 것을 알지 못했다.

비록 지금은 3천 마일 거리에 떨어져 살고 있지만 앨리샤는 여전히 매일 나에게 영감을 준다. 그녀는 모든 역경을 이겨내고 자신의 꿈을 좇은 사람의 전형이고, 분명히 자신이 하는 일에 천부적인 재능이 있다. 사람들에게 '평범하다'라고 낙인찍히는 것이 깊은 상처가 되었을 텐데도, 그런 판단이 자신의 앞길을 막는 것을 용납하지 않았다. 냉소적으로 변하는 것이 훨씬 편한 길이었는데도 그렇게 변하지 않았다. 그녀는 자신의 꿈을 좇았고, 자신이 가장 사랑하는 게 무엇인지 알고 있었고, 타고난 재능이 무엇인지 알고 있었고, 결코 뒤돌아보지 않았다.

우리 중에 앨리샤만큼 용감했다고 말할 수 있는 사람이 얼마나 있을까?

최적 지점을 찾아라

당신의 열정은 어디에 있는가? 당신이 가장 사랑하는 일은 무엇인가? 아침에 침대에서 벌떡 일어나게 만들고, 조금이라도 더 하려고 집이나 작업실로 달려가게 만드는 일이 무엇인가? 지금 꼭 한 가지 일만 할 수 있다면, 그게 과연 무엇인가? 앨리샤처럼 헤어 스타일링을 하고 자기만의 부티크를 갖고 싶은가? 공예품을 만들거나 스크랩북을 만들고 싶은가? 마라톤? 성경 연구 모임에서 얘기하고 주도하는 것? 자원봉사? 가르치는 일? 집에서 할 수 있는 당신만의 일을 시작하는 것? 기술을 배우는 것? 병이나 수술 이후 건강해지는 것? 학교로 돌아가는 것? 아이를 키우거나 손자 손녀들과 더 많은 시간을 보내는 것? 다른 여자들에게 멘토가 되어주는 것?

내겐 글 쓰는 일이다. 어떤 종류의 글쓰기이건, 내겐 늘 글쓰기였다. 아주 어렸을 때부터 항상 글쓰기를 좋아했고 작가가 되고 싶었다. 비록 마음 한구석에서는 말도 안 되는 꿈이라고 말하는 소리가 들렸고 때로는 그 목소리가 더 컸지만 말이다. 그러나 무엇을 글로 써야 할지 알 수 없었다. 단지 펜이 종이에 닿기까지의 과정이 숨 쉬는 것만큼이나 절실히 필요했다는 것만은 알고 있었다.

최적 지점은 엄청난 열정과 재능 혹은 능력이 만나는 지점이다. 그것이 무엇이건 우리가 가장 소명의식을 느끼는 지점이고, 우리가 사랑하는 일이고, 우리가 잘하는 일이고, 우리의 삶을 살아갈 만한 것으로 만들어주는 일이다. 최적 지점에서 산다는 것은 우리의 꿈을 좇을 용기를 갖는 것이고, 위험을 감수하고 목표를 달성하기 위해 우리가 가능하다고 생각했던 것보다 더 열심히 노력하는 것을 뜻한다. 그것은 일상의 단조로움에 매몰되기를 거부하는 것이다. 비록 그 단조로움이 우리 삶의 99퍼센트를 차지할지라도.

최적 지점 안에 산다는 것은 우리의 열정을 발견하고 존재의 이유를 깨닫는 것은 물론이고, 기꺼이 다음 단계로 한 발을 내딛는 것이다. 하고 싶은 일을 이론으로만 아는 것에 그치지 않고 실제로 그 일을 해야만 한다. 흥에 겨워 그 일을 해야 하고, 틈이 날 때마다 해야 하고, 상황이 어떻건, 시기가 어떻건, 목숨이 달려 있다는 듯 매달려야 한다.

대다수의 사람들은 현실적인 문제로 자신의 꿈을 보류하는 경향이 있다. 적어도 나는 그랬다. 열정을 뒤로 제쳐두고, 언젠가는 그 일을 할 거라고, 아이들이 크고 상황이 좀 나아지면 할 거라고 자신에게 말한다. 대출금을 다 갚고 경제적으로 안정이 되면, '그땐' 할 수 있을 거라고. 당장은 해결해야 할 다른 일들이 너무 많아서 어쩔 수 없다고 자신을 설득한다.

냉혹한 진실을 말하자면, 열정을 좇고 꿈을 추구하며 산다는 건 믿을 수 없을 정도로 두려운 일이다. 실패할 가능성이 상당히 높기 때문이다. 그런 삶은 우리를 이해하지 못하는 사람들의 비난에 노출시키고 상처받게 만든다. 다른 사람들에게 우리를 비웃고 깎아내릴 기회를 제공한다. 알려지지 않은 세계로 한 발을 내딛는 것이고, 그곳에서는 무슨 일이 벌어질지 모르며, 우리가 항상 그 상황을 통제할 수 있는 것도 아니다. 결국 익숙한 곳에서 피신처를 찾는 편이 모든 게 무너져 내려서 가슴이 찢어지는 위험을 감수하는 것보다 훨씬 쉽다.

나 역시 겪어봤기에 그게 얼마나 두려운 일인지 잘 안다. 나는 글을 쓰고 싶다는 꿈을 오랫동안 억누르고 살았고 전혀 다른 분야에서 경력을 쌓았다. 2010년 어느 날, 거의 즉흥적으로 블로그를 시작하기 전까지는 내가 글 쓰는 일을 얼마나 좋아하는지 기억조차 못 하고 있었다. 그 한 걸음이 나의 가슴속에서 항상 불타고 있던 열정에 불을 지폈다. 이번에는 절대 포기할 수 없었다. 나는 글을 쓰기 시작했고 멈추지 않았다. 주위의 그 누구도 이해하지 못했을 때에도, 심지어 남편마저 회의적이었을 때에도, 친구들조차 내 뒤에서 비웃었을 때에도. 몇 번인가 그만두고 싶을 때가 있었다. 사람들이 내가 쓰고 있는 글을 읽기 시작하고 반응을 보이기 시작하기까지만 몇 년이 걸렸다.

그러나 그거 아는지. 내가 쓴 글을 읽는 사람이 단 한 명도 없다 해도 나는 계속 글을 쓸 것이다. 앨리샤가 여자들을 아름답게 그리고 아름답다고 느껴지게 만들기 위해 태어난 것처럼 나는 이 일을 하려고 태어났다는 걸 안다. 글 쓰는 일은 곧 나의 열정이다. 내가 생각하기에 멋진 삶의 핵심은, 결국 자신이 있어야 할 최적의 지점을 찾는 것과 다르지 않고, 나는 내가 있어야 할 바로 그곳에 있기 때문에 나의 삶은 충만하다.

그 자리에서
꽃피워라

그러나 우리의 최적 지점이 어디인지, 어떻게 찾아야 하는지 모를 때도 있다. 삶의 계절이 변화하고 진화하면서, 우리의 꿈, 열망 그리고 소명 또한 변할 수 있다. 한순간 열정이 불타올랐다가도 어느 순간 더 이상 흥미를 느끼지 못할 때도 있다. 불행하고, 불만스러운 시간이 흐른다. 심지어 불만족스러운 상태가 변화의 동력이 될 때도 있다. 다른 사람이 하는 일을 보는 것만으로도 우리가 진정으로 원하고 필요로 하는 일이 무엇인지 깨달을 때도 있다. 그리고 비록 최적 지점에 있지는 않다 하더라도, 언제나 주어진 상황에서 최선을 다해야 한다는 것 또한 알아야 한다.

단지 조금 더 갖기 위해서 갖지 못한 것을 원하는 것과, 그곳이 바로 우리가 있어야 할 지점이라는 것을 알기에 가슴속 깊은 곳에서 원하는 것은 상당히 큰 차이가 있다. 상황이 어떻건, 건전한 열망과 마음의 평화 사이의 균형을 잡기란 참으로 어려운 일이다. 그렇다면 우리가 특정 직장에, 특정 지역에, 혹은 우리가 좋아하지 않는 특정 상황에 얽매여 있으면서 어떻게 우리의 최적 지점을 찾을 수 있을까? 만족을 선택하는 것과 더 열망하는 것 사이의 긴장을 어떻게 해소할 수 있을까? 이게 가능하기나 한 일일까?

나의 언니는 그 질문의 답을 알고 있다. 그녀는 내게 "그 자리에서 꽃피워라"라고 말했다.

언니가 처음 내게 그 말을 한 것은 막 첫딸을 낳았을 때였다. 남편은 우리 주 밖에 위치한 회사에서 일을 시작했고 집에서는 3시간 반 거리였다. 남편이 마침내 직장을 구해서 기뻤지만 우리에게 주어진 선택들이 썩 만족스럽진 않았다. 플로리다에서는 항공 엔지니어 쪽 일자리를 구하기가 쉽지 않았다. 통근 거리가 너무 멀었고, 척은 싸구려 모텔에서 일주일 내내 머물다가 주말에만 집으로 돌아오든지, 아니면 직장 근처에 살 곳을 빌리든지 둘 중 하나를 선택해야 했다. 웨스트팜비치는 살 집을 구하기가 쉽지 않은 동네였고, 결국 우리는 조그만 침실 한 개짜리 아파트를 임대해서 '상자'라는, 그다지 사랑스럽지 않은 이름을 붙였다.

나는 상자가 싫었다.

차 한 대를 같이 쓰고 있었기 때문에 나는 어디 가지도 못하고 툭하면 악을 쓰고 울어대는 아기와 하루 열 시간에서 열두 시간 가까이 갇혀 지내야 하는 신세였다. 나는 따분했고 외로웠고 대체로 비참했다. 그런 상황에서 기껏 언니가 한다는 말이, 그 자리에서 피어나라니! 그 말을 이해하기까지 시간이 걸렸다. 결국 나는 상자를 포용했고 주어진 상황에서 최선을 다했다고 말하고 싶지만 그런 일은 일어나지 않았다. 우리는 마침내 우리가 미치기 일보 직전이라는 사실을 깨달았다. 척은 결국 3마일 거리의 워싱턴 주에 직장을 구했고 우리는 그 후 3년 동안 일곱 번을 더 이사했다.

그러나 언니의 말은 항상 나의 뇌리에 남았고 이사를 할 때마다 그 말이 진실임을 깨달았다. '그 자리에서 꽃피워라'는 나의 경구가 되었고, 그 말을 가슴 깊이 새길수록 내 눈앞에 펼쳐진 기회들이 잘 보이기 시작했다. 터코마에 살 때 나는 어느 스파의 실장으로 일하고 있었는데 신약 개발을 위한 비엘라[8]라는 제목의 연간 자선 패션쇼를 기획해서 유방암 연구 개발을 위한 수천 달러의 기금을 마련했다. 에버렛에 살 때는 엄마들의 모임인 보모토고모Boeing Moms of Tots Who Want to Get Out More[9]를 만들었고 그 모임은 지금까지도 이어지고 있다. 그러다가 2010년에 적게 쓰면서 잘 살기 위한 나의 모험에 관한 한심한 블로그를 만들었고, 그 블로그는 인터넷에서 가장 인기 있는 개인자산관리 블로그가 되어 매달 백만 명 이상의 방문객이 찾고 있다.

어떤 상황에서건, 어디에 씨가 뿌려졌건, 우리 모두에게는 성장하고 꽃피울 여지가 있다. 우리 삶의 계절에 상관없이, 우리에게는 항상 더 배울 기회, 더 발전할 기회, 더 베풀 기회가 있다. 결혼해서 직장생활을 하는 젊은 여자들은 엄마가 된 언니를 바라보며 부러워하고 언젠가는 자기도 가정을 이루고 싶다고 생각한다. 반면, 아이들을 어느 정도 키워놓은 전업주부들은 차근차근 경력을 쌓아가는 대학 룸메이트를 보면서 공무원이 되거나 학교로 돌아가 박사학위를 따고 싶어 한다. 최적 지점이 반드시 거창한 계획일 필요는 없다. 오히려 그와 반대로, 굳이 찾을 필요도 없이, 그저 현재의 소명과 열정을 따라가기만 하면 될 때도 있다. 최적 지점을 찾는 것은 창의적인 일을 할 시간을 내거나 요리를 배우는 것, 심지어는 빚을 갚기 위해 쿠폰으로 돈을 아끼는 방법을 알아내는 것일 수도 있다.

8 이탈리아 북부에 위치한 도시
9 미국 워싱턴 주 시애틀에 위치한 항공기 제조회사 명

최적 지점을 찾는 것은 우리 내면의 작은 목소리를 듣는 일이다. 당신이 있는 그 자리에서 최선을 다하라. 배우라. 성장하라. 있는 그대로의 당신을 계발하라. 그러면 당신의 삶 한복판에서 최적 지점이 그 모습을 드러낼 것이다.

재능을 파악하라

때로 우리는 우리 자신의 가장 혹독한 비평가다. 부족한 점은 귀신같이 꼬집어내면서 찬란하게 빛을 발하는 부분은 알아차리지 못한다. 그러나 내 말을 믿기를. 우리 모두는 저마다 특별한 재능을 타고났다. 나는 우리 모두가 아주 잘하는 게 적어도 몇 가지는 될 거라고 확신한다. 비록 그 능력이 그다지 중요해 보이지 않고, 특별해 보이지 않고, 심지어는 그다지 쓸모 있어 보이지 않을지라도.

당신의 재능은 리더십이거나 지혜이거나 분별력일 수 있고, 인내심일 수도 있다. 친절함이나 행정능력, 혹은 소통, 근면함일 수도 있다. 관대함, 치유능력, 지식, 공감능력일 수도 있다. 누군가를 가르치는 일이거나 조직력, 창의력, 음악적 재능일 수도 있다. 어쩌면 곤경에 처했을 때 그저 뭔가 '하는' 것일 수도 있고, 보조하는 것일 수도 있고, 앞장서는 것일 수도 있다. 우리 모두는 여러 가지 능력과 재능의 축복을 받았다. 다른 사람들을 위해 길을 터주고, 이끌어주고, 변화에 대처하는 데 뛰어난 사람이 있는 반면, 조용히 창작하거나, 조직하거나, 혹은 단지 뒤따라가면서 뒤에서 효율적으로 보조하는 데 능한 사람도 있다. 어떤 재능이 다른 재능보다 더 화려하고 더 근사해 보이고 더 중요해 보일지 몰라도, 전부 다 반드시 필요한 일이다.

> 몸은 하나의 지체로 되어 있는 것이 아니라, 여러 지체로 되어 있습니다. 발이 말하기를 "나는 손이 아니니까, 몸에 속한 것이 아니다" 한다고 해서 발이 몸에 속하지 않은 것이 아닙니다. 또 귀가 말하기를 "나는 눈이 아니니까, 몸에 속한 것이 아니다" 한다고 해서 귀가 몸에 속하지 않은 것이 아닙니다. 온몸이 다 눈이라면, 어떻게 듣겠습니까? 또 온몸이 다 귀라면, 어떻게 냄새를 맡겠습니까? 그런데 실은 하나님께서는, 원하시는 대로, 우리 몸에다가 각각 다른 여러 지체를 두셨습니다.
>
> 고린도전서 12장 14절-18절

당신의 최적 지점을 찾는 것은 종종 당신이 가졌으면 하고 바랐던 재능이라기보다는 당신이 이미 갖고 있는 재능이나 적성을 발견하고 포용하는 법을 배우는 혼돈의 과정을 포함한다. 그것은 곧 당신이 정말 잘하고 즐길 수 있는 일이 무엇인지 시간을 갖고 찾아보는 것이고, 그 재능과 능력을 가장 열정적인 생각, 꿈, 목표와 결합할 방법을 찾아내는 것이다. 그리고 때로는, 잘못된 길로 들어서고 실패해보는 것이다.

잘못된 길로 들어서라

내가 어렸을 때 아버지는 나에게 커서 변호사가 되라고 말했다. 즉흥적으로 무심히 한 말이었는데도 바로 그 순간 나는 법대에 진학하기로 결심했다. 어린 나는 〈매트록Matlock〉[10]에 열광하면서 사건을 해결하고 스타 증인들을 무너지게 만들고 증인석에서 자백하게 만드는 장본인이 바로 나라고 상상해보곤 했다. 고등학교 시절에는 다양한 직업에 관해 조사하는 과제가 있었는데 당연히 나는 법조계를 선택했다. 지역 변호사들을 인터뷰했고 내가 읽을 수 있는 모든 책을 읽었고 아이비리그의 모든 법대에 입학 원서 양식을 보내달라고 요청했다. 입학 원서들은 내 조사 보고서에 별 도움이 되지 않았지만 방에 틀어박혀 멋진 벽돌 건물과 웅장한 법대 도서관을 보고 군침을 흘리면서 '언젠가는 나도 꼭 저기 가고 말거야'라고 다짐했던 기억만은 선명하다.

대학에서 나는 정치학을 공부했다. 법대 진학을 준비하는 모든 학생이 정치학을 선택했고 훌륭한 법대에 진학하려면 필요하리란 것을 알았기 때문에 전 과목 A를 받았다. 그러나 나의 꿈은 2년간 심각한 우울증을 앓느라 잠시 보류되었다. 그 우울했던 시절에도 법대 진학의 꿈은 결코 사그라지지 않았다. 나는 침대에 누워 영화 〈금발이 너무해Legally Blonde〉를 보았고 보스턴에 있는 맥린 정신과 병동에 입원해 있는 동안 토요일마다 하버드 광장을 산책하면서 그 대학 학생인 척했다. 마침내 우울증에서 회복된 나는 다시 학업에 뛰어들었다. 그로부터 2년 동안 학위를 받기 위해 열심히 공부했고 LSAT[11]를 준비했다.

마침내 여러 학교에 지원하기 시작했다. 나의 꿈이 마침내 손 닿을 거리에 있었다.

1994년 가을, 드디어 세인트루이스의 워싱턴 대학 법과 대학원에 입학했다. 근사한 캠퍼스는 내가 꿈꾸던 것과 정확히 일치했지만 법대는 내가 생각했던 것과는 전혀 달랐다. 고통스러울 정도로 따분했고, 극단적으로 지루했으며, 미친 듯이 경쟁적이었다. 나 자신이 A 타입[12]이라고 생각했지만 막상 그곳에 가보니 나의 야망은 다른 법대생들의 야망에 비하면 아무것도 아니었다. 친구들이여, 내 말 믿기를. 변호사들이 그토록 악랄하기로 소문난 데는 그럴 만한 이유가 있다!

법대에 진학한 첫해의 4분의 3 정도가 지났을 때 나는 너무도 비참했다. 매일 아침 침대에서 일어나 너무 따분해서 머리가 띵해지는 수업을 듣고 곧바로 또 다른 지루하고 재미없는 수업을 들으려고 교실에 앉아 있는 것 자체가 엄청난 노력이 필요한 일이었다. 내가 그토록 오랫동안 꿈꾸어왔던 일이 이토록 끔찍하다니, 내가 생각했던 것과 이렇게 다르다니, 믿을 수가 없었다. 그때보다 내가 더 옴짝달싹 못 하는 것 같은 기분이 든 적은 없었던 것 같다.

그러던 어느 일요일 오후, 척과 나는 집 근처 공원으로 산책을 나갔다. 산책하는 동안 나는 내가 얼마나 학교를 싫어하는지, 내가 얼마나 불행한지, 다른 학생들이 얼마나 견디기 힘든지, 하루 종일 수업에 앉

10 1990년대에 인기를 끌었던 미국의 법정드라마

11 Law School Admission Test, 미국 법과 대학원의 입학시험

12 A형 행동 양식 혹은 그런 양식을 보이는 사람을 뜻하는 심리학 용어로 긴장하고 성급하며 경쟁적인 성향을 지니고 있다.

아 있는 게 얼마나 고통스러울 정도로 따분한지 장황하게 늘어놓았다. 그는 내 얘기를 들어주었고 별로 대꾸하지 않았다. 그러다가 그가 느닷없이 멈추어 섰다. 그가 내 어깨를 잡고 눈을 똑바로 쳐다보며 이렇게 말했다. "당신 이거 꼭 끝낼 필요 없는 거 알지? 그만둬도 괜찮아."

그때까지도 나는 그만둘 생각은 한 번도 하지 못했다. 그건 고려의 대상조차 아니었다. 나는 법대에 가려고 열심히 공부했다. 직장도 그만두었다. 척도 나와 함께 있으려고 직장을 그만두었다! 우리는 이 나라 반을 가로질렀고 마음에도 안 드는 도시에 집까지 장만했다. 그 집을 사기 위해 엄청난 학자금 대출을 받았다. 장학금을 받기는 했지만 법과 대학원의 등록금은 비쌌다. 내가 시작한 일이었고, 비록 결말이 씁쓸하긴 해도 어떻게든 이 과정을 끝내는 것 외에 다른 선택은 없다고 생각했다.

여기서 내가 그만둔다면 나는 도대체 뭐지? 이것만이 내가 유일하게 아는 길인데.

그런데 그가 말하고 있었다, 그만둬도 괜찮다고. 실패해도 괜찮다는 남편의 허락은 내게 다음 날 아침 학장실로 달려가 그만두겠다고 말할 용기를 주었다. 학장이 내게 잊지 못할 말을 해주었다. 그녀는 이렇게 말했다. "이런 상황이 되면 보통 우린 학생을 설득해서 그만두지 못하게 하는데, 이번 학기 통틀어서 학생이 이렇게 행복해 보이긴 오늘이 처음이네요. 옳은 결정을 하신 거예요."

그것은 엄청난 비용을 치르긴 했지만 소중한 교훈이었고, 잊지 못할 교훈이었다.

때로는 실패해도 괜찮다.

때로 우리는 실수하는 게 두려워서, 일이 틀어지는 게 두려워서, 사람들이 비웃는 게 두려워서, 우유부단에 마비되어버리고 만다. 법대를 그만두면 세상이 끝날 줄 알았는데 그렇지 않았다. 대신 그 경험은 나를 영원히 바꾸어놓았다. 실패는 거의 대부분 결코 치명적이지 않고, 그 이후에도 삶은 여전히 계속되고, 때로는 그저 새로운 길이 눈앞에 선명해질 때까지 한 발, 한 발 앞으로 나아가면 된다는 것을 깨달았다. 그러나 그보다 더 중요한 것은, 법대를 그만둔 순간 온 세상에 새로운 가능성의 문들이 열렸고, 하던 일을 접는 데 필요한 그 대범함이 예전에 생각지도 못했던 일들에 도전해볼 용기를 주었다는 사실이다. 마침내 나는 최적 지점을 찾을 수 있었다. 실패에도 불구하고가 아니라, 실패했기 때문에.

온몸을
던져라

나의 두 딸은 둘 다 수영을 사랑하지만 수영에 대한 아이들의 접근은 그렇게 다를 수가 없다. 큰딸인 매기는 얼마나 조심스러운지, 처음엔 물이 어떤지 보려고 발끝만 살짝 담그다가 천천히 공을 들여서 물이 목까지 올 때까지 들어간다. 그 과정은 영원처럼 긴 것 같고, 때로는 끝까지 다 들어가기도 전에 그만둬버린다. 반면, 매기의 동생 애니는, 매번 몇 초 만에 물에 풍덩 뛰어든다. 그 아이는 두 번 생각하지 않고, 가장자리에서 가장 수심이 깊은 지점으로 뛰어든다. 물이 차가워서 잠깐 숨을 헐떡이지만 이내 적응한다. 매기가 마침내 수영할 준비가 되었을 때 애니는 물 밖으로 나가자고 조른다.

꿈을 찾고 최적 지점을 찾는 것에 관해서라면 우리 중 대다수가 매기의 조심스러운 접근을 선호하는 것 같다. 온몸을 던져 풍덩 뛰어드는 대신 우리는 발끝만 물에 담가보고, 너무 차갑거나 너무 무섭지 않기를 바란다. 그러나 그러한 신념의 도약이야말로 당신이 할 수 있는 일 중에 가장 두려우면서도 한편으로는 가장 보람 있는 일이다.

내 친구 앨리샤는 마침내 업계에 뛰어들었을 때 자신의 꿈이 미용실을 오픈하는 것임을 깨달았다. 그녀는 자신의 사업을 꾸려간다는 게 힘든 일이라는 걸 알고 있었다. 여러 차례 우여곡절이 있었고, 실패를 맛보았고, 심지어는 동료에게 배신도 당했다. 과연 해낼 수 있을지 회의가 밀려든 것도 여러 번이었고 포기하고 싶을 때도 여러 번이었다. 그러나 그녀는 포기하지 않았다. 자신의 최적 지점을 찾았다고 생각했고, 그래서 계속 앞으로 나아갔고, 그녀가 가야 할 길을 갔다.

어쩌면 여러분은 자신의 최적 지점을 아직 모를 수도 있고, 잘 해내지 못할까 봐, 똑똑하거나, 용의주도하거나, 재능을 타고나지 않았을까 봐 걱정할지도 모르겠지만, 나는 절대 그렇지 않을 거라고 말해주고 싶다. 당신의 열정은 어쩌면 글을 쓰는 것이나 가게를 여는 게 아닐 수도 있지만 아마도 그만큼 훌륭하고, 그만큼 의미 있고, 그만큼 중요한 일일 것이다. 미지의 세계로 뛰어들어 과연 이루어질지조차 알 수 없는 꿈을 좇는다는 것은 정말 두려운 일이지만, 겪어본 사람으로서 나는 말할 수 있다. 그것이야말로 당신이 할 수 있는 가장 신나는 점프라고.

친구들이여, 나는 여러분 모두에게 최적 지점이 있다고 생각한다.

여러분 모두가 무슨 일을 하건 두려움을 떨쳐버릴 수 있기를, 그래서 비록 실패할지라도 감히 풍덩 뛰어들 수 있기를 소망하고 또 기도한다. 추락할 수 있다는 이유로 시도조차 망설이지는 말기를. 비관론자들이 당연히 거치게 마련인 시행착오에 좌절하지 말기를. 당신은 실수할 것이다. 일을 그르칠 것이다. 패배를 인정해야만 할 때도 있을 것이다. 그러나 계속 앞으로 나아가라. 그 실패의 경험을, 해서는 안 되는 일이 무엇인지 발견하는 계기로 삼고 무던히 나아가라.

도전 과제

최적 지점을 찾아라

당신의 꿈과 열정이 무엇인지 시간을 갖고 생각해보아라. 당신이 가장 즐겨 하는 일이 무엇인가? 아침에 당신을 침대에서 벌떡 일어나게 하고 일이 끝나면 조금이라도 더 하기 위해 집이나 작업실로 달려가게 만드는 것이 무엇인가? 지금 이 순간, 오직 한 가지 일만 할 수 있다면 그게 무엇인가? 지금껏 늘 해보고 싶었지만 도전할 용기를 내지 못했던 일이 무엇인가?

그다음에는 시간을 갖고 당신의 삶에서 들려오는 신성한 불만의 속삭임에 귀를 기울여라. 당신의 삶에서 옳지 않은 것이 있는가? 길을 제대로 접어들었다는 생각이 드는가? 지금 이 방향으로 계속 걸어도 되는가? 변화를 이루려면 무엇이 필요한가?

마지막으로 당신의 타고난 재능을 생각해보라. 당신이 두각을 나타내는 분야는 무엇인가? 무엇을 잘하는가? 무엇을 가장 즐기는가? 당신의 최적 지점은 무엇인가?

내면의 불꽃에 불을 지피고 스스로에게 도전을 허락하고 온몸을 던져라. 설령 그 도전에 실패의 위험이 따를지라도.

네 번째

단계

글로 쓴 목표가 인생을 바꾼다

먼저 무엇이 되고자 하는지 자신에게 말하고,

그다음엔 그렇게 되기 위해 해야 할 일을 하라.

에픽테토스

내가 하는 일은 오직 한 가지입니다. 뒤에 있는 것은 잊어버리고, 앞에 있는 것을 향하여 몸을 내밀면서, 그리스도 예수 안에서, 하나님께서 위로부터 부르신 그 부르심의 상을 받으려고, 목표점을 바라보고 달려가고 있습니다.

빌립보서 3장 13절-14절

글로 쓰지 않은 목표는 단지 소망일 뿐이다.

미상

3년 동안 전업주부와 나만의 일을 구축하는 것 사이의 균형을 잡은 뒤 나의 하루 일과는 성공적으로 자리를 잡았다. 아이들이 일어나기 전에 방해받지 않는 네다섯 시간을 보내기 위해 아주 일찍, 대략 새벽 4시쯤 일어났다. 아침에 가장 일이 잘되는 편이라 해뜨기 전의 조용한 시간이 가장 생산적이었다. 그 뒤로 이어지는 아침 시간은 집을 치우고 홈스쿨링을 하며 보냈다. 늦은 점심식사를 하고 나면 아이들은 각자의 방에서 조용히 시간을 보냈고, 나는 한두 시간을 더 일하고 나서 저녁식사 준비를 하거나 오후 볼일을 보러 다녔다. 매일의 일정이 빠듯했고 가끔은 탈진하기도 했지만 안정된 일과였고 그 일과는 온전히 '나의 것'이었다.

그러던 중 남편이 내가 블로그 작업과 글쓰기에 전념할 수 있도록 직장을 그만두고 집에 들어앉았다. 갑자기 엄격하게 통제되었던 나의 일과가 뒤집혔다. 남편이 집 안 살림을 도맡는 것은 우리가 오랫동안 목표로 삼아왔던 일이었고, 그렇게 되기까지 충분한 대화를 나누었고, 우리가 가족을 위해 진심으로 원하는 일이었다. 그래서 나는 준비가 됐다고 생각했다.

그런데 나는 전혀 준비가 안 되어 있었다.

척이 집에 있는 것이, 더구나 나의 공간에 있는 것이, 생각했던 것보다 훨씬 더 힘들었다. 몇 달 동안 나는 한마디로 '손을 놓은' 상태였다. 나는 일찍 일어나려고 노력했지만 남편도 일찍 일어났다. 일을 하려고 책상 앞에 앉는 동시에 주의가 분산되었다. 때로는 소음에, 때로는 이메일이나 핀터레스트에, 때로는 페이스북 업데이트에. 나는 컴퓨터 앞에서 과도한 시간을 보내기 시작했고 노트북과 전화통을 붙잡고 살았지만 실제로 하는 일은 거의 없었다. 설상가상으로, 내가 '일하면서' 많은 시간을 보낼수록 남편은 점점 더 짜증을 냈다. "당신은 늘 컴퓨터 앞에만 앉아 있군." 남편이 말하곤 했다. "집에 있지만 당신은 여기 있는 게 아니야. 당신이 우리와 함께 있었으면 좋겠어."

인정하고 싶지는 않았지만 마음속 깊이 그의 말이 옳다는 것을 알았다. 내 인생은 뭔가 제대로 돌아가고 있지 않았다. 방향성과 목표의식을 결여한 상태였고, 결과적으로 별로 중요하지도 않은 일에 너무 많은 시간을 허비하고 있었고, 정작 일을 할 시간은 내지 못했다. 뭔가 대책이 필요했다.

시간의 유리병을 채워라

하룻밤 사이 유능한 야심가에서 낙오자로 전락하는 것이 내 생애 처음은 아니었다. 불행히도 내 인생의 마지막도 아닐 거라고 장담한다. 우리 모두가 때때로 이런 '슬럼프'에 빠지고, 그 며칠, 몇 주, 혹은 몇 달 동안은 상황에 짓눌려 끔찍하게 비생산적인 것처럼 느껴질 때가 있다. 뭘 해도 되는 일이 없고, 도무지 정신을 차릴 수도, 몰입할 수도 없는 것 같은 기분이 들 때가 있다. 러닝머신이 너무 빨리 돌아가고, 한 가지, 혹은 열 가지, 혹은 너무 여러 가지 일이 사방에서 우리를 끌어당긴다. 다양한 일상의 요구들과 스트레스는 감당할 수 없는 수준이 되고 우리는 탈출구를 찾기 시작한다. 주의가 산만해지고, 시간을 낭비하고, 가장 중요한 일을 미루는 식으로 상황에 대처한다. 이런 식의 대응은 당연히 악순환을 낳는다. 왜냐하면, 일을 질질 끌고 주의가 산만해질수록, 점점 더 뒤처지고 점점 더 위축되기 때문이다.

어쩌면 여러분은 지금 바로 그런 상태일 수도 있다.

돌멩이들을 담은 유리병을 학생들 앞에서 들어 보였다는 어느 교수의 유명한 일화가 있다. 그가 학생들에게 물었다. "이 유리병이 꽉 찼습니까?" 모두 꽉 차 있다고 대답했다. 그러자 그는 조그만 자갈을 가져와 유리병에 넣었다. 자갈이 돌멩이 사이의 공간으로 들어가자 그가 다시 물었다. "이젠 이 병이 꽉 차 있습니까?" 모두가 또 한 번 그렇다고 대답했다. 이번에는 그가 모래 한 봉지를 들고 와 유리병 안에 부었다. 모래가 돌멩이와 자갈 사이로 공간이 채워질 때까지 들어갔다. "이젠 어떤가요? 이제 꽉 찼습니까?" 그가 물었다. 반 전체가 세 번째로 그렇다고 대답했다. 교수가 이번에는 물 한 병을 가져와서 병 가장자리가 찰랑거리고 넘치기 시작할 때까지 부었다. "이젠, 이 병이 꽉 찼다고 말할 수 있겠군요." 그가 말했다. 그리고 반 학생들에게 아주 중요한 질문을 했다. "만약 내가 물로 시작했다면 그리고 모래, 그다음엔 자갈을 넣었다면, 돌멩이를 넣을 공간이 있었을까요?"

내가 정말 좋아하는 일화다. 나는 지금도 돌멩이가 담긴 유리병 하나를 부엌에 놓아둔다. 삶을 상징하는 유리병을 매일 생각하기 위해서. 큰 것으로 먼저 채워야 한다. 작은 것으로 먼저 채워가다 보면 정작 중요한 것을 채울 공간이 없어지기 때문이다. 돌멩이들이야말로, 삶의 목표들이야말로, 충만한 삶을 사는 것과 그저 주어진 삶을 사는 것의 차이이다. 멋진 인생을 살고 싶다면, 우리의 유리병을 잘 채워야 한다.

장기 목표를 세워라

20대 초반 나는 우울증으로 황폐한 시간을 보냈다. 우울증에 관해서라면 좋은 얘깃거리가 거의 없는 게 사실이지만, 당시 내가 가장 두려웠던 건 절망의 블랙홀에서 살고 있는 것 같은 기분이었다. 절망이 나를 완전히 에워싸서 그 순간에는 그런 기분 외에 다른 감정을 느낄 수 있다는 생각이 전혀 들지 않았다. 그 절망의 한복판에서 나는 믿지 않았다. 믿을 수가 없었다. 상황이 나아지리란 것, 혹은 내가 나아지리란 것을. 내겐 미래가 없었고 오직 암흑뿐이었다.

바로 그 암흑의 시기, 주치의가 나에게 장기적인 목표를 글로 써보라고 했다. "지금부터 5년 혹은 10년 뒤의 삶을 상상해보세요. 그때 어디 있고 싶으세요?" 단지 생각이라도 해보게 하려고 그녀가 내게 몇 가지 질문을 던졌다. 그때 당신은 어디 살고 있죠? 당신의 모습은 어떤가요? 어떤 친구들이 있나요? 직업은 뭐죠? 취미는 뭔가요? 어디서 휴가를 보내나요? 결혼은 했나요? 아이들도 있나요? 무얼 이루었나요? 당신이 살고 있는 집은 어떤 모습인가요?

처음에는 대답을 거부했다. "부질없는 짓이에요." 내가 말했다. "10년 뒤에 난 아마 죽어 있을걸요. 이런 얘길 뭐 하러 해요?" 하지만 그녀는 집요했다. "그냥 한번 생각이라도 해보라고요. 어쩌면 본인도 놀랄지 몰라요." 그녀가 간곡히 부탁했다. 정말 놀라웠던 건, 나의 삶이 당시 내가 빠져 있던 비참함의 늪에서 조금이라도 달라진다는 건 거의 불가능한 일이라고 생각했는데도, 10년 뒤 이상적인 삶을 그려보는 것은 그다지 어렵지가 않았다. 너무 아득한 일이어서 오히려 부담이 없었다. 어쨌건 10년은 긴 시간이니까. 10년이면 무슨 일이든 일어날 수 있었다. 나 같은 낙오자도 어쩌면 10년 뒤에는 다를 수 있을 테니까.

그래서 나는 목록을 작성해보았다. 제목은 '10년 뒤 내가 바라는 나의 모습'이었다. 그 목록에는 "내 일생일대의 사랑을 만나 결혼하고 싶다, 내가 좋아하는 일을 성공적으로 해내고 싶다"와 같은 중요한 일에서부터 "머리를 기르고 싶다, 텃밭을 가꾸고 싶다"와 같은 사소한 것들도 있었다.

그 일이 우울증과의 전쟁에서 하나의 전환점이 되었다고 말할 수 있으면 좋으련만. 목록을 만들던 그 순간을 기점으로 인생은 살아볼 만한 것이란 사실을 느닷없이 깨달았다고 말할 수 있으면 좋으련만. 그러나 그렇게 간단하진 않았다. 그 뒤로 한동안 나의 상태는 더 악화되었다. 훨씬 더. 그러나 목록을 작성하는 그 순간, 희망의 씨앗이 뿌려졌다고는 말할 수 있을 것 같다. 비록 잠깐이었지만, 길고 어두운 터널 끝에서 아주 작은 희망의 불빛을 보았다. 아주 긴 시간이 걸리겠지만 마침내 내 인생이 달라질 수도 있을 거라는 희망, 첫발을 내디딜 수만 있다면 내가 꿈꾸는 미래를 이룰 수 있을지도 모른다는 희망을 받아들일 수 있었다.

여러분 모두가 엄청난 성공을 거둔, 의욕이 넘치고 목표지향적인 여자를 적어도 한 명은 알고 있을 줄로 믿는다. 그런 부류의 사람들이 있다. 그녀는 여러분에게 닳고 닳은 말들을 할 것이다. 이를테면, "성공하기 위해 해야 할 일은 오직 목표를 정하는 것뿐"이라든가, "빛나가

더라도 달을 향해 쏘아라, 그러면 적어도 별을 맞힐 테니" 같은 말들을 툭툭 던질 것이다. 그녀는 자신의 목표가 무엇인지를 알아내는 데 전혀 문제가 없어 보이고, 그곳에 도달하려면 실제로 몇 발자국을 걸어야 하는지 정확히 알고 있는 것 같다. 마치 대다수의 사람들이 꿈만 꾸고 있는 삶으로 안내하는 비밀 지도를 발견하기라도 한 것처럼. "그러니 성공하는 게 당연하지!" 당신은 소리 지르고 싶다. "저 여잔 다른 사람들보다 재능도 뛰어나고 의욕적이고 용기 있고 똑똑하니까. 저 여잔 필요한 걸 전부 다 갖고 있어. 하지만 나한텐 그런 게 없는걸."

잠시 멈추어 생각해본 적이 있는가? 그녀를 포함한 모든 그런 부류의 사람들, 소수의 야심가이자 성공한 사람들이 다른 사람들과 다른 이유가 무엇인지? 당신은 제 몸 하나 추스를 기운도 없는데, 왜 그 사람들은 자신의 꿈을 쉽게 달성하는 것처럼 보이는지 그 이유를 생각해본 적이 있는가?

최근 들어 그 점에 대해 깊이 생각해봤는데, 내가 보기엔 장기적인 목표와 관련이 있는 것 같다. 가장 행복하고, 가장 성공적이고, 가장 많은 것을 이룬 사람들은 실제로 그들만의 비밀 지도를 갖고 있다. 그들은 만약 아무것도 그들을 가로막지 않으면 그들의 삶이 어떤 모습일지 시간을 갖고 생각해보았다. 그들은 미래를 마음껏 꿈꾸어보는 자유를 스스로에게 허락했고, 그 꿈은 그곳에 도달하기 위한 길을 찾는 데 필요한 용기를 그들에게 주었다.

그러나 꿈이 먼저였다.

심지어는 그게 가능하다고 생각하지 않았던 때조차도.

아주 오래전 우울증의 황폐한 어둠 속에서도 나는 10년 뒤의 내 모습을 적어보았고, 당시에는 그중 한 가지라도 실현될 거라고 믿을 만한 근거가 전혀 없었다. 그 무렵 나는 모든 것을 잃었다. 파산했고, 이혼했고, 대학 중퇴에, 직업도 없었고, 친구도, 미래도 없었다. 나는 내가 아는 거의 모든 사람에게 외면당했고, 솔직히 말하자면, 그런 그들을 조금도 탓할 수가 없었다. 나는 구제 불능의 전형이었다.

그러나 그거 아는지. 15년이 지난 뒤, 여전히 내가 아는 모든 사람 중 나는 가장 텃밭 가꾸기에 소질이 없는 사람이지만 (밭에서 도대체 뭐든 키운다는 게 왜 그렇게 어려워야 하는지), 나는 그 목록에 썼던 것들은 물론이고 그 이상을 이루어낼 수 있었다. 너무도 불가능해 보였던 일들, 당시에는 너무도 터무니없어 보였던 일들이, 결국 있을 법한 일이 된 것이다. 그 후로도 나는 가끔 그 목록을 꺼내 읽어보았고, 시간이 흐를수록 도저히 이룰 수 없는 일 같았던 목표들은 서서히 있을 법한 일에서 가능한 일로, 다시 가능한 일에서 할 수 있는 일로 바뀌었다. 목표를 달성하고 난 뒤에는 또 다른 목표를 세우게 되었고, 또다시 황당한 꿈의 목록을 새로 만들었다. 길을 잃고 헤맬 때조차도, 혼란에 빠지고 허둥거리는 기분이 들 때조차도, 나는 어디로 가야 하는지 알려주는 지도를 갖고 있는 셈이었다.

당신의 꿈을 글로 써라

루 홀츠라는 미식축구 코치가 있다. 1966년, 스물여덟 살이었던 루 홀츠는 극심한 곤경에 처했다. 코치로서의 경력도 방향을 잃었고 파산한 데다 실업자 신세였다. 설상가상으로 그의 아내는 셋째를 임신 중이었다. 대책이 필요했다. 그의 아내는 남편을 격려하기 위해 데이비드 슈워츠의 《크게 생각할수록 크게 이룬다》라는 책을 사주었다. 그 책은 효과가 있었다. 그 책을 읽고 영감을 얻은 홀츠는 자신의 삶에 변화를 일으키는 열쇠는 자신이 진정으로 달성하고자 하는 목표를 적어 보는 것이라는 결론에 도달했다. 종이에 쓸 정도로 중요한 목표라면 어떻게든 그 일을 일어나게 할 방법을 찾을 것 같았다.

홀츠는 다섯 개의 항목으로 나누어 총 107가지로 이루어진 목록을 작성했다. 남편으로서 이루고 싶은 것들, 정신적으로 이루고 싶은 것들, 직업적으로 이루고 싶은 것들, 재정적으로 이루고 싶은 것들, 사적으로 하고 싶은 일들. 그의 목록 중에는 꽤 대범한 것들도 있었는데, 이를 테면 노트르담 대학 미식축구팀 코치 되기, 미국 대통령 만나기, 항공모함 타보기, 〈투나잇 쇼〉에 출연하기와 같은, 생각하는 것만으로도 사람들의 비웃음을 살 만한 것들이었다.

하지만 과연 어떻게 되었을까? 루 홀츠는 노트르담 대학 미식축구팀의 수석 코치가 된 것은 물론이고 그 팀을 전국 챔피언 자리에 올려놓았다. 무엇보다도 그는 백악관에서 로널드 레이건과 저녁식사를 했고, 〈투나잇 쇼〉의 게스트가 되었으며, 교황을 만났고, 골프를 치다가

한 번도 아니고 두 번이나 홀인원을 기록했고, 비행기에서 고공 낙하를 했고, 아프리카로 사파리 여행을 떠났으며, 물론 항공모함도 타보았다. 지금까지 루 홀츠는 107개의 인생 목표 중 102개를 이루었다.

루 홀츠는 놀랍고 특별한 이야기로 사람들에게 영감을 주는 존재가 되었지만 처음부터 그렇지는 않았다. 그는 우리가 때때로 겪는 것과 똑같은 분노와 실패와 자기 자신에 대한 회의로 가득 찬 평범한 남자였다. 가엾은 임신한 아내가 어떻게 하면 그를 소파 밖으로 끌어낼 수 있을지 궁리하며 초조하게 손을 비비던 시절도 있었다. 그러나 루 홀츠가 다른 사람들과 결정적으로 다른 점이 있었다면, 그는 보다 나은 삶을 기꺼이 상상했을 뿐 아니라 그것을 기꺼이 종이에 써보았다는 것이다. 자신의 목표를 써보고 난 뒤 그는 그 목표를 이루기 위해 필요한 단계들을 밟을 수 있었다.

당신의 삶에서 소망하는 것들을 머릿속에 담아두는 것만으로는 충분치 않다. 언젠가 이루고 싶은 일들에 대한 막연한 상상이나 모호한 공상을 하는 것만으로는 충분치 않다. 실제로 시간을 갖고, 그것이 5분이 됐건 다섯 시간이 됐건, 써보는 게 중요하다. 시간을 내어 미래의 목표를 써봄으로써 우리는 자신을 평가해보고 가장 중요한 게 무엇인지 결정할 수 있을 뿐 아니라, 그 꿈을 이루기 위해 실제로 행동할 의욕이 생긴다. 써보는 순간 현실이 된다. 현실이 되고 나면 더 이상은 무시할 수가 없다.

경로를
설정하라

"코끼리를 어떻게 먹을 것인가"라고 묻는 해묵은 우스갯소리가 있다. 물론 대답은 "한 번에 한 입씩 먹는 것"이다. 목표를 설정하는 과정은 바로 그 코끼리를, 그러니까 이 경우에는, 궁극적으로 어떤 삶을 살고 싶은지에 관한 장기 목표를 어떻게 먹을 건지 알아내는 것에 다름 아니다. 마음속에 목적지가 분명히 설정되어 있고 당신이 생각하는 성공이 명확하게 정의되어 있으면, 그 길을 걷는 과정에서 세운 작은 목표들이 정확히 어떻게 그곳에 도달해야 하는지를 알려줄 것이다.

앞서 언급했던 것처럼 실제로 목표를 종이에 써보는 것에 덧붙여, 효율적이고 견고한 목표 설정에 유용한 정보를 정리해보았다.

목표를 분명히 하라. 바로 이 대목에서 당신의 목표가 실현되기 시작한다. 다시 말해서, 목적지를 알아야 그곳에 어떻게 도달할지 안다. 이 개념은 루이스 캐럴의 고전 《이상한 나라의 앨리스》에 멋지게 묘사되어 있다. 앨리스는 똑똑하지만 아리송한 대답을 하는 체셔 고양이를 만나 길을 묻는다.

"내가 어느 방향으로 가야 하는지 알려줄 수 있겠니?"

"그건 상당 부분 네가 어디로 가고 싶으냐에 달려 있는 것 같은데." 고양이가 대답했다.

"어디로 가건 난 별로 상관이……." 앨리스가 말했다.

"그럼 어느 쪽으로 가건 상관없겠네." 고양이가 말했다.

"그래도 어디든 도착하고 싶은데." 앨리스가 덧붙였다.

"아, 그건 걱정 마. 계속 가다 보면 어디든 도착은 할 테니까." 고양이가 대답했다.

목표를 인식하고 써보지 않은 상태에서 첫발을 내딛는다면 많은 것을 성취하기 어려울 것이다. 다음에 어디로 가야 할지 끊임없이 궁리해야 하기 때문이다. 가능하다면 당신의 목적과 목표를 수치화하라. 그래야만 목표를 달성했는지 달성하지 못했는지 명확히 알 수 있다. 예를 들면, '체중을 줄이고 싶다'는 목표는 '체중을 10킬로그램 줄이고 싶다'만큼 명확하지 않고 수치로 확인할 수가 없다.

기한을 설정하라. 당신이 의도하건 의도하지 않건, 시한을 정해놓으면 자연스럽게 훨씬 더 다급해진다. 대부분의 사람들은 선천적으로 미루기를 좋아한다. 우리는 가장 힘든 일을 되도록 마지막 순간까지, 그 일을 미루는 게 끝내는 것보다 더 큰 고통이 될 때까지 최대한 미루어둔다. '10킬로그램을 빼고 싶다'처럼 분명한 목표를 정하는 것과 마찬가지로, '3월 31일까지 10킬로그램을 빼고 싶다'처럼 기한을 설정해놓는 것 역시 미루기 좋아하는 우리의 습관을 떨쳐버리는 데 도움이 된다. 기한이 있을 때 비로소 미루기를 멈추고 실제로 행동할 의욕이 생긴다. 기한이 없는 목표는 몽상일 뿐이다.

큰 꿈을 잘게 쪼개어라. 원대하고 덩어리가 큰 목표와 황당할 정도로 대담한 꿈을 갖는 것도 좋지만, 진심으로 그 목표를 달성하고 싶다면 먼저 그것을 잘게 쪼개어라. 나는 연간, 분기별, 월간, 주간, 일간 계획의 신봉

자다. 연간 목표들은 그림의 떡, 말하자면 장기 목표에 중점을 두고 있다. 미래의 큰 꿈에 한 발짝 더 다가가기 위해 앞으로 열두 달 동안 내가 해야 할 일들이다. 월간 계획은, 연간 계획을 달성하기 위해 매달 해야 하는 목표를 기반으로 한다. 연간 목표로 설정된 것들을 달성하기 위해 30일 내로 할 수 있는 것들이다. 마찬가지로, 주간 목표는 월간 목표를 기반으로 하고 있고, 매일 체크리스트는 주간 목표를 달성하기 위해 날마다 하는 일들을 기반으로 한다.

책을 쓴다든가, 프로젝트 하나를 끝낸다든가, 심지어 대규모의 파티를 기획하려면 그것을 보다 작은 목표와 기한으로 정리해놓는 것이 상당히 도움이 된다. 먼저 기한을 정해놓고 거꾸로 계산해서 최종 기한을 맞출 수 있도록 작은 지표들을 설정해놓는다. 그렇게 하면 머릿속에서 일이 잘게 쪼개어져서 일의 규모에 압도당하지 않을 수 있다. 일의 각 단계는 그 자체만으로 보면 합리적이고 할 수 있는 일처럼 느껴지기 때문이다. 거대한 목표를 잘게 쪼개는 과정은 내가 해야 할 일이 무엇인지 정확히 알려주고, 시간이 얼마든지 있다는 안일한 착각에 빠지지 않도록 도와준다.

진행상황을 점검하라. 목표에 지속적으로 집중하려면 진행상황을 끊임없이 점검하고 측정해야 한다. 자주 볼 수 있는 곳에 목표를 써놓아라. 필요하다면 매일 볼 수 있는 곳에. 잡동사니 서랍에 처박히고 노트에 아무렇게나 끄적거려놓은 목표들은 그다지 동기를 부여하지 않을 것이다. 서재에 포스터를 만들고 거실에 칠판을 걸어라. 플래너에 목표를 쓰고 이를 닦을 때마다 볼 수 있도록 욕실 거울에 목록을 붙여놓아라. 당신이 이루고자 하는 모든 일을 읽고 기억할 수 있는 곳이라면 어디든 붙여놓아라.
장기 목표를 작은 단계로 쪼개고 월간, 주간, 매일의 목표로 만들어놓으면 궤도에 머물 수 있다. 끊임없이 당신이 한 일과 해야 할 일을 점검하게 되기 때문이다.

공동 책임자를 두어라. 당신이 책임감을 느끼게 만들 사람 혹은 집단을 두는 것도 큰 효력이 있다. 특히 당신이 이루고자 하는 목표들이 지금보다 높은 수준의 자제력이 필요한 일이라면 더더욱 그렇다. 당신의 목표가 마라톤, 혹은 5킬로미터 완주라면 지역의 마라톤 그룹이나 '카우치 투 5K'[13]그룹에 가입해서 당신이 실제로 움직일 수 있도록 동기를 부여하라. 만약 당신의 목표가 재정상황을 개선하고 부채에서 벗어나는 것이라면, 지원과 지도를 받을 수 있는 재무 과정 코스에 등록하라. (데이브 램지의 재정 평화 학교는 훌륭한 코스다.) 내가 '적게 쓰고 잘 사는 법'이라는 제목의 블로그를 시작한 것은 공개로 인한 책임감이 나의 지출습관을 통제하는 데 도움이 될 거라고 생각했기 때문이었다. 분명히 말하는데, 그 방식은 효과가 있었다!
마찬가지로 지난 몇 년 동안 나와 함께 책임질 파트너를 두었던 것도 내가 정도에서 벗어나지 않는 데 큰 도움이 되었다. 나의 책임 파트너 에디와 나는 거의 매일 이야기를 나누며 우리의 고통, 약점 그리고 열망

13 소파에 누워 있는 마라톤 초보자를 5킬로미터 달릴 수 있게 도와준다는 개념의 운동 프로그램

에 대해 서로에게 완전히 솔직하다. 에디는 라이프 인 그레이스 블로그 닷컴LifeinGraceBlog.com의 동료 블로거로서, 그녀는 우리가 하는 일의 직업적 특수성을 경험을 통해 알고 있다. 그녀는 내게 따지고, 날 격려하고, 날 위해 기도하고, 나 역시 그녀를 위해 같은 일을 한다. 당신이 신뢰하고 존경하는 사람이 있다면 그에게 책임 파트너가 되어달라고 부탁하는 것도 고려하라.

성공을 자축하라. 목록에 있었던 커다란 일, 특히 할 수 있을 거라 확신하지 못했던 일을 해냈을 때만큼 뿌듯한 순간은 없다. 그 순간들을 음미할 시간을 갖고 실제로 그 일을 해낸 승리감을 만끽하라. 커다란 성공, 엄청난 목표를 달성했을 때만 축하할 것이 아니라 작은 성공들도 축하하라. 멋지게 해낸 일을 축하하는 것을 두려워하지 마라.

보다 나은 결혼생활을 위한 목표를 설정하라

지난 몇 년 동안 나는 '커플로서' 구체적인 목표를 설정하는 것이 건강하고 행복한 결혼생활에 중요한 부분임을 깨달았다. 여러분의 결혼생활은 어떤지 모르겠지만 남편과 나의 경우에는 공동의 목표를 향해 나아갈 때 가장 결속이 강했다. 공동의 목표는 집을 개조하는 것일 수도 있고, 허리케인으로 인한 손상을 복구하는 것일 수도 있고, 부채에서 벗어나는 것일 수도 있다.

극과 극이 서로 끌린다고들 하는데 남편과 나는 전반적으로 밤과 낮처럼 다르다. 음식, 옷, TV 프로에 이르기까지 우리는 서로 달라도 그렇게 다를 수가 없다. 얼마 전에는 커플 인성 테스트를 받아보았는데 결과가 우리의 의심을 사실로 확인해주었다. 척은 네 개의 성격 유형에 전반적으로 고르게 분포되어 있었다. 그는 지극히 안정적이고, 지나칠 정도로 인내심이 있고, 체계적이며, 철두철미한 사람이다. 뼛속까지 엔지니어인 그는 이 세상을 합리적인 해결이 요구되는 문제들이 산적해 있는 곳으로 보고 있다. 그는 쉽게 흥분하지 않고 모든 선택의 장점과 단점을 가늠해본다. 때로는 영원토록 긴 시간 동안.

그리고 나로 말하자면, 척과 달리 특정한 한 가지 성향에서만 두드러졌다. 나는 리더이고, 야심가이며, 의욕이 넘치는 사람이다. 나는 즉흥적인 판단, 관점에 따라서는 충동적으로 보일 수도 있는 판단을 내리고, 사람들에게 지시하는 데 있어 전혀 거리낌이 없다. 나는 목표지향적이고, 스스로 동기를 부여하는 반면, 인내심이 없고, 허풍이 심하고, 다소 비이성적이다.

자연스럽게, 항상 조금 더 원하는 나의 성향과 그렇지 않은 척의 성향은 종종 부딪친다. 나는 그가 너무 태평하고, 충분히 노력하지 않는다고 생각하는 반면, 그는 내가 쉬엄쉬엄 하기를 바란다. 그동안 나는 꽤 여러 번, 남편이 가정에 갖고 있는 생각에 부합되지 않는, 나 자신과 나 자신의 경력만을 위한 목표를 세웠고, 그 목표가 재앙을 초래했음을 인정한다. 내가 나만의 목표를 향해 매진할수록 그는 더 짜증을 냈고 화를 냈다.

여러 차례의 열띤 논쟁을 통해, 심지어 한두 번의 격한 부부 싸움을 통해, 나는 서서히 그리고 마지못해, 엄마로서, 아내로서 나의 목표는 온전히 '나만의' 목표여서는 안 된다는 사실을 받아들였다. 기쁠 때나 슬플 때나, 그것은 '우리의' 목표여야 했다. 우리의 가정이 건재하고 또 발전하기를 바란다면, 남편과의 공감대를 찾고 우리가 함께하는 삶의 목표를 함께 세워야 한다는 사실을 마침내 깨닫게 되었다.

먼저 우리는 향후 5년 동안 우리가 하고자 하는 일을 적어보는 시간을 갖기로 했다. 대부분은 실용적인 일이었지만 두 사람이 함께하고 싶은 황당하고 뻔뻔한 일들도 있었다. 그다음엔 우리가 정한 목표들을 이루기 위해 올해 안에 달성해야 하는 일들로 나누었고 그 목록을 부엌의 커다란 칠판에 적어놓고 매일 볼 수 있게 했다.

여러분에게 말하고 싶다. 하나의 목표를 향해 함께 나아갈 때 부부 관계의 역학이 얼마나 변화할 수 있는지 참으로 놀랍다고. 일상의 자잘한 충돌이, 특히 밤과 낮처럼 다른 우리 같은 사람들의 충돌이, 두 사람이 함께 달성할 목표가 있고 장기 계획을 향해 나아가고 있다는 사실을 인식할 때 한결 대처하기 수월해진다.

장기적 목표를 위해 단기적으로 희생하라

목표의 공유에 관한 이러한 진실은 우리 가족의 차량 문제에는 확실히 통했다. 예전에 우리는 더 멋진 신형 차를 몰았지만 지금 나와 남편은 얼마 전에 15만 마일을 찍은 2002년형 쉐보레 타호를 함께 쓰고 있다. 아직은 내 차를 고물이라 부르고 싶진 않다. 아직은. 하지만 학부모 픽업라인에서 우리 바로 뒤에 서 있는 번쩍거리는 신형 혼다 오디세이나 닛산 패스파인더, 링컨 내비게이터와 견줄 수 없는 게 사실이다. 가죽 시트는 갈라졌고, 한때는 그런대로 깔끔했지만 이제는 해가 갈수록 찌그러진 곳, 긁힌 곳, 흠집들이 늘어가고 있다. 이제 우리는 이 차가 하나의 개성처럼 보이도록 노력한다. 물론 줄 서서 기다리는 학부모 중에 우리의 초라한 차를 보고 코웃음 치는 사람이 여럿 있으리라는 건 알고 있지만 '그들은 우리가 보는 것을 보지 못한다.' 우리 차는 2004년 이후 다섯 번이나 대륙을 횡단했고, 아치스 국립공원에서 비포장도로를 달렸으며, 레이니어 산을 올랐고, 죽음의 계곡을 지나다가 하마터면 낭떠러지로 떨어질 뻔했고, 허리케인으로부터 우리를 지켜주었다. 우리 눈에는 너무도 믿음직스럽고, 그 긴 세월 동안 단 한 번도 우리에게 슬픔을 주지 않았던 차이고, 무엇보다도 우리에게 할부금을 남겨주지 않았던 차이다.

장기 목표를 세우고 그 목표를 글로 쓴 이후 우리의 일과 생활이 달라진 것은 물론이고 재정 상태에도 엄청난 변화가 있었다. 지금 당장 우리가 원하는 것, 지금 당장 우리를 행복하게 해주는 것보다는 향후 5년, 10년, 20년 후 달성하고 싶은 목표를 바탕으로 돈에 관한 결정을 내리게 되었기 때문이다.

램지는 그것을 "훗날 다른 사람들과 다르게 살기 위하여, 지금 다른 사람들과 다르게 사는 것"이라고 표현했고 그 표현은 너무도 적절하다. 장기 목표를 정하는 것은 그 목표를 달성하기 위해 만족을 지연시킬 수 있는 힘을 길러준다. 남편과 나는, 비록 미묘하지만 경멸어린 시선들을 기꺼이 감수할 수 있었다. 왜냐하면, 우리의 단기적 희생이 장기 목표를 이루는 데 도움이 되리란 걸 알았기 때문이다. 부채를 상환하고, 비상금을 모으고, 아이들의 대학 학비를 마련하고, 은퇴 자금을 모으는 것이 매달 할부금을 갚느라 허덕이는 사람들에게 인정받는 것보다 더 중요하기 때문이었다. 그 차가 지나온 길은 물론이고 앞으로 가야 할 길이 있기에, 우리는 낡은 타호를 사랑한다.

어디서 시작할 것인가

글로 쓴 견고한 목표를 갖는 게 얼마나 중요한지에 대해 내가 가까스로 여러분을 설득했다손 치더라도 여러분은 여전히 조금 부담을 느낄 것이다. 한 번도 해본 적이 없다면 더더욱 그럴 것이다. 그렇다면 어디서 시작해야 할까? 어떤 목표를 선택해야 할까? 어떻게 작은 목표에 집중할 수 있을까? 몇 가지 목표를 설정해야 할까? 우선순위를 정하는 최선의 방법은 무엇일까? 당신이 설정한 목표를 이룰 시간을 어떻게 만들어야 할까?

어디서 시작할지 몰라 고민이라면 루 홀츠의 방식에 따라 목표를 잘게 쪼개어 여러 가지 목록을 만들어볼 것을 권한다. 어떤 엄마, 어떤 아내가 되고 싶은가? 어떤 결혼생활을 하고 싶은가? 신앙 속에서 그리고 교회 안에서 어떤 지표에 도달하고 싶은가? 지역사회에, 혹은 이 세계에 어떤 영향을 주고 싶은가? 직업적으로 무엇을 성취하고 싶은가? 상, 승진 혹은 학위를 원하는가? 어떤 재정적 목표를 갖고 있는가? 주택 융자금을 갚고, 대출을 상환하고, 비상금을 마련하고 싶은가? 노후 자금을 저축하고 아이들의 학자금을 준비하고 싶은가? 당신의 삶에서 어떤 즐거움을 찾고 싶은가? 어디를 가고 싶은가? 무엇을 보고 싶은가? 누구를 만나고 싶은가? 무엇을 읽고 싶은가?

당신이 상상할 수 있는 모든 것을 글로 써보는 것으로 시작하라. 황당하고 뻔뻔하고 불가능하게 들리는 꿈에서부터, 원하면 당장 내일이라도 할 수 있는 작은 것까지 전부 다 써라. 큰 꿈을 꿀 자유를 스스로에게 허락하고 그것을 글로 옮겨라. 그다음엔 그 목록을 '언젠가' '10년 내로' '5년 내로' '1년 내로' 할 수 있는 일들로 쪼개고, 1년의 계획을 다음 달, 주간, 하루의 목표로 쪼개어라. 그렇게 우선순위를 정하고, 특정 목표를 설정하고, 미루는 습관과 싸우고, 좋은 습관을 기르고, 중요하지 않은 일들을 제거하라.

당신이 누구이건 어디로 가는 길이건, 그 길에는 항상 주의를 분산시키는 것들이 있게 마련이다. 일상의 변화일 수도 있고, 예기치 못한 장애물일 수도 있다. 나의 경우에는, 갑자기 종일 집 안에 있는 남편이었다. 비록 한두 달 정도 혼란을 겪긴 했지만 시간을 갖고 나의 장기 목표에 집중하고, 미래를 위한 견고한 목표들을 다시 세우는 순간, 모든 것이 제자리를 찾기 시작했다. 내가 해야 할 일들에 대한 방향성과 명료함을 갖게 되었다. 나는 글로 쓴 목표야말로 일상의 방해물을 제거할 해독제임을 다시 한 번 깨달았다. 그것이야말로 당신이 옆길로 새지 않도록 지켜주고 당신의 앞길을 가로막는 모든 장애물을 걷어내주는 비밀 지도이다. 글로 쓴 목표가 당신의 인생을 바꾼다.

도전 과제

장기 비전을 계획하라

커피 한 잔과 노트 한 권을 들고 당신의 장기 목표와 꿈을 생각하고 기도할 시간을 가져라. 10년 뒤 당신의 삶이 어떤 모습이길 원하는가? 개인적으로, 직업적으로 그리고 신앙생활에서 무엇을 성취하고 싶은가? 그런 목표들을 생각하고 그것을 종이에 써라!

그다음에는 당신의 장기 목표를 남편과 상의해보는 시간을 가져라. 남편이 없다면 곁에 있는 가족이나 친구와 함께 이야기해보라. 당신이 미래에 하고 싶은 것, 보고 싶은 것, 이루고 싶은 것에 원대한 꿈을 꾸고 솔직하게 털어놓을 자유를 허락하라. 계획을 세운 다음 그것을 종이에 써서 모두가 함께 다 볼 수 있는 장소에 붙여놓아라.

마지막으로 당신이 만든 장기 목표를 단기 목표들로 쪼개어라. 내년에 이루고 싶은 다섯 가지 목표는 무엇인가? 다음 달에 이루고 싶은 다섯 가지 목표는 무엇인가? 그렇게 세분화한 리스트를 작성하라.

다섯 번째 단계

누구에게나 하루는 스물네 시간이다

시간은 우리가 가장 원하면서도 가장 함부로 쓰는 것.

윌리엄 펜

가장 소중한 일은 결코 하찮은 일의 처분에 맡겨져서는 안 된다.

요한 볼프강 폰 괴테

하나님은 우리에게 두려워하는 마음을 주신 것이 아니라
능력과 사랑과 절제하는 마음을 주셨습니다.

디모데후서 1장 7절

해야 할 일들을 본격적으로 시작하고 추진하는 데 있어서 때로는 나 자신이야말로 나의 가장 큰 적임을 인정한다. 아직도 내 삶의 여러 분야에서 의지가 부족하다는 점을 감안하면 시간 관리와 자기 절제에 관해 한 챕터를 써야 한다는 생각만으로도 주눅이 든다.

예를 들면, 나는 신선하고 건강한 유기농 자연식품 식단의 개념을 좋아하고, 내 몸을 오직 과일, 채소, 정제되지 않은 '진짜' 음식으로 채우고 싶지만, 사실 나는 남몰래 정크 푸드를 즐긴다. 아이들이 받은 부활절이나 할로윈 캔디를 압수해서 나만의 초콜릿 은닉장소에 쌓아둔다. 저녁식사 대신 아이스크림만 먹을 때도 있다. 나는 샐러드를 싫어하는 채식주의자이고, 얼마 전에는 남편에게 매일 저녁 피자를 먹어도 되냐고 묻기도 했다. 나는 정말 상태가 심각하다.

그런데 정말 신기한 건, 특별한 날에는 내가 진심으로 요리를 즐기고, 어떻게든 요리할 기운을 끌어낸다는 점이다. 사실 나는 음식을 꽤 잘하는 편이고, 자화자찬일지는 모르겠지만, 창의적이고, 자신감 넘치고, 때로는 맛이 기가 막힌 새로운 레시피를 선보이는 요리사다. 나는 건강한 식단을 싫어하지 않고, 오히려 그 반대로, 좋아하는 편이다. 만약 다른 사람이 날 위해서 음식을 만들어준다면, 거의 매번 피자 대신 집에서 만든 건강한 음식을 선택할 것이고, '어쩌면' 아이스크림 대신 그 음식을 선택할지도 모른다.

물론 문제는, 다른 사람이 날 위해서 음식을 만들어주지 않는다는 데 있다. 나의 평생 목표이긴 하지만 아직 나 대신 기꺼이 공짜로 요리해주는 개인 요리사를 찾지 못했다. 저녁 시간이 다가올 무렵 나는 이미 열두 시간을 쉬지 않고 일한 상태다. 이미 하루 종일 볼일 보러 돌아다니고, 아이들을 무용학원이나 축구교실로 실어 나르고, 틈틈이 집안일을 하고 난 뒤다. 그 시간이면 진이 다 빠진 것 같은 기분이 든다. 그래서 우리는 피자를 먹는다. 아니면 시리얼이나. 아니면 아이스크림이나. 또다시.

그리고 곧바로 체중계에 올라서고 나의 한심한 선택들을 후회한다. '내 의지가 조금만 더 강했더라면!'

사람들은 자제력이 유전적으로 이미 결정된 특성이거나 성격적 특성이라고 보는 경향이 있다. 우리는 마음 깊은 곳에서 어떤 사람은 그런 특성을 갖고 태어나고 어떤 사람은 못 갖고 태어난다고 믿는다. 우리 주위의 모든 슈퍼맘들은 그런 특성을 갖고 있고, 시간 관리 능력도 태어날 때부터 갖고 있었다고 믿는다. 건강한 음식을 먹어야 하는데 실패하면, 아침 일찍 일어나 운동을 하지 못하면, 혹은 뭔가 해야 할 일이 있는데 하루 종일 인터넷 서핑이나 하면서 시간을 보내고 나면, 우리의 의심은 기정사실이 된다. 우리는 스스로에게 이렇게 말한다. "아무래도 나한텐 그런 자질이 없는 것 같아. 이렇게 생겨먹은 걸 어쩌겠어."

하지만 그게 사실이 아니라면?

만약 자제력과 시간 관리 능력이 시간이 흐르면서 강화될 수 있는 것이라면? 만약 자제력이 소수의 선택받은 자에게만 주어지는 선천적 특성이 아니라 우리가 개발해야 하는 것이라면? 만약 인간의 의지라는 게 정량이 있어서 하루를 보내는 동안 소진되는 것이라면? 그렇다면 얘기가 달라질 수도 있지 않을까? 그렇다면 우리에게 주어진 에너지를 제대로 사용하고 싶지 않을까?

개구리를
먼저 먹어라

몇 년 전에 읽은 책 한 권이 매일 해야 할 일들의 목록에 대한 나의 접근법을 완전히 바꾸어놓았다. 책 제목은《개구리를 먹어라!: 미루기를 멈추고 짧은 시간에 많은 일을 해치우는 21가지 방법》이었다. 이 책 제목은 마크 트웨인의 이야기에서 따온 것이다. "만약 매일 아침 일어나 가장 먼저 하는 일이 살아 있는 개구리 한 마리를 먹는 것이라면, 그게 하루 중 당신에게 일어날 수 있는 가장 나쁜 일이라고 봐도 될 것이다. 만약 두 마리의 개구리를 먹어야 한다면, 더 큰 놈을 먹는 게 최선이다." 이 이야기와 책의 요지는, 가장 힘들지만 가장 중요한 일로 하루를 시작한다면, 나머지 시간 동안 별로 많은 일을 하지 않더라도, 이미 많은 일을 한 셈이 된다는 것이다.

삶은 빠르게 움직이고, 꼭 필요하지만 따분한 일과 속에 매몰되기란 너무도 쉽다. 우리는 하루 중 많은 시간을 급한 불을 끄고, 이런저런 요구에 응하고, 시간 잡아먹는 소셜 미디어와 이메일의 소용돌이 속으로 도피하며 보낸다. 모든 일이 너무도 중요하고, 너무도 다급해 보이지만, 미처 의식하기도 전에 우리는 하루의 대부분을 진정 원하는 일을 이루기 위해 열심히 노력하기보다는 다른 사람들의 요구에 반응하는 데 소모한다.

이런 식의 삶에서 중대한 문제는 우리의 의지가 고갈된다는 점이다. 매일 아침 우리는 일정량의 자제력이 채워진 상태로 하루를 시작하고, 하루를 보내면서, 그 결심은 서서히 고갈된다. 따라서 자잘한 일상이

나 쉬운 일들에 집중하며 하루를 시작하면 에너지가 낭비된다. 매일 아침 눈뜨자마자 개구리를 먼저 먹으라는 이야기는 에너지와 자제력이 있을 때 가장 중요한 일을 하라는 의미이다.

앞 장에서 알아보았듯이, 글로 쓴 목표들이야말로 목표를 이루는 야심가와 그저 그럭저럭 하루를 살아가는 사람을 구분 짓는 요소이다. 달성하고자 하는 확고한 목표와 글로 쓴 계획을 갖는 것도 중요하지만 그 목표들은 단지 시작일 뿐임을 기억하는 것도 중요하다. 목표를 달성하려면 행동이 따라야 한다. 우리의 목표들은 곧 우리의 삶이지만 목표들을 달성하기 위한 열쇠는 바로 자제력이다.

루 홀츠는, 자신의 지나치다 싶게 원대한 꿈들을 써보고 나서 가만히 앉아 꿈이 이루어지기를 기다리지 않았다. 그는 자신의 꿈을 이루기 위해 하루도 쉬지 않고 열심히 노력했다. 미래가 불확실한 상태로 세 명의 아이들과 그럭저럭 살아가면서 힘들고 단조로운 일상 속에 주저앉을 수도 있었다. 빈곤 속에서 끼니를 때우기 위해 무슨 일이든 닥치는 대로 할 수도 있었다. 평범하게 살겠다고 생각했다면 그 편이 쉬웠을 것이다. 가족들의 생계를 책임지려 애쓰는 그를 누구도 비난할 수 없었을 것이다.

그러나 그는 그저 끼니를 때우는 것에 만족하지 않았다. 보다 큰 꿈을 끊임없이, 물리적으로 일깨워주는 그만의 목록을 손에 쥐고서, 고개를 숙인 채, 목표를 달성하기 위해 그가 할 수 있는 모든 일을 했다. 그는 부지런히 일했고, 각종 청구서 대금을 지불하기 위해 주어진 일만 하는 데서 그치지 않고 자신의 꿈에 한 걸음 더 다가갈 수 있게 해줄 일들을 했다. 그는 매일 자신의 꿈을 이루어줄 가장 중요한 일들을 먼저 하기로 결심했고, 중요한 일을 먼저 하는 습관이야말로 훗날 엄청난 차이를 만들었다. 루 홀츠는 개구리를 먹는 데 아주 능숙해졌다.

어떤 날이건, 우리 모두에게는 저마다 감당해야 할 개구리가 있다. 진정으로 목표를 달성하고 꿈을 이루고 싶다면, 그 꿈이 무엇이건 간에, 결승선까지 한 걸음이라도 더 다가갈 수 있는 일상의 선택들을 해야만 한다. 목적의식을 갖고 큰일을 먼저 해야만 한다. 장기 목표에 먼저 시간을 투자하지 않는다면 꿈을 이룰 시간과 에너지는 영원히 없을 것이다. 일상의 자잘한 의무들이 시도 때도 없이 당신을 점령할 것이다. 매일 아침 첫 30분을 장기 목표의 달성을 위해 투자하지 않는다면 지금부터 1년 뒤 당신의 삶이 어떻게 달라질 수 있겠는가?

좋은 습관을 만들어라

우리의 두뇌는 습관을 형성하도록 설계되어 있다. 찰스 두히그는 자신의 저서《습관의 힘》에서 습관들은 나쁜 것일 수도 있고 좋은 것일 수도 있지만 어떤 행동이 습관으로 자리 잡으면 우리 두뇌 각 부위가 상황을 파악하고 그 임무를 자동비행모드로 실현한다고 했다. 그렇게 되면 더 이상 그 일을 수행하도록 우리 자신을 강제하거나 그 일을 실제로 수행하기 위해 정신적 에너지를 소모할 필요가 없어지고, 우리의 두뇌는 보다 중요한 일에 집중할 수 있게 되고, 우리의 의지를 보다 중요한 일들에 사용할 여유가 생기는 셈이다.

《습관의 힘》을 읽고 나서, 나는 좋은 습관을 만드는 것이야말로 업무처리 능력의 열쇠임을 깨달았다. 좋은 습관을 많이 만들수록 나의 꿈을 좇을 수 있는 더 많은 의지와 정신적 에너지가 생기는 것이다. 매일 아침 해야 할 일들을 하나의 습관으로 만든다면, 생각할 필요조차 없이 저절로 일어나는 일들로 만든다면, 두뇌의 자동비행기능이 작동되어서 나머지 일을 처리할 자제력을 비축할 수 있다. 아침은 순조롭게 시작했다가도 오후가 되면 맥이 빠져 짜증을 내는 대신, 하루 종일 집중할 수 있는 일과를 만들 수 있다. 그리고 저녁 시간이 되면, 여전히 가족을 위해 건강한 식사를 준비할 수 있는 에너지가 남아 있을 것이다! 진실이라고 믿기에는 너무 근사했지만, 나는 기꺼이 도전할 준비가 되어 있었다.

나는 매일 아침 자동적으로 처리하고 싶은 습관의 목록을 만들었다. 나의 습관 목록은 매일 아침 일어나자마자 물 한 컵을 마시고 나서, 10분간 커피 한 잔을 마시며 하루를 계획하는 것으로 시작한다. 그다음에는 혼자만의 기도 시간을 갖고, 그다음엔 적어도 90분 동안 글을 쓴다. 놀랍게도 이런 일과로 몇 주를 보내고 나니, 더 이상 생각이 필요하지 않게 되었다. 나는 잠에서 완전히 깨어나기도 전에 부엌에 앉아 물 한 컵을 마시게 되었고 하루를 제대로 시작하는 데 거의 정신적인 노력을 들이지 않는 나 자신을 발견할 수 있었다. 90여 분의 글쓰기 시간을 갖고 나면 오전 휴식시간을 가졌고, 나는 여전히 에너지가 충전된 상태로 하루를 정복할 준비가 되어 있었다.

이 단순한 일과들을 몇 달 동안 지속하자, 나는 그 어느 때보다 생산적이 되었다. 그렇게 자신감 넘치고 유능하게 느껴지긴 처음이었다.

나는 더 짧은 시간에 더 많은 일을 해내는 비법을 찾았다고 확신했다. 나는 스물네 시간을 잘 쓰고 있었다.

그러다가 휴가를 떠났다. 평범한 휴가가 아니라 한 달에 걸친, 2만4천 마일의 가족 도로 여행이었다. 우리는 장장 29일 동안 미국 전역을 여행했다. 놀라운 장관도 구경했고 가는 길에 모든 친구와 가족들을 만났다. 일생일대의 여행이었고 몇 년 동안 나와 남편이 꿈꾸어왔던 여행이었다. 수많은 추억을 만들었고 나는 그 추억을 평생 간직할 것이다.

그러나 그 여행이 나의 리듬을 깨뜨려버렸다.

우리는 집에 도착했고 곧바로 전혀 새로운 일과 속으로 무작정 뛰어들었다. 새로운 학교와 새로운 일, 새로운 책임과 의무의 목록으로 가득 찬 일과였다. 세심하게 만들어졌던 나의 아침 일과는 무너져버렸고, 내가 미처 알아차리기도 전에, 나 자신도 무너졌다. 나는 마법을 잃었다. 또다시 집중력과 시간 관리에 문제가 생겼다. 거의 매일, 하루를 시작하기도 전에 에너지가 고갈된 것 같은 기분이 들었다.

새로운 일과를 구축하려고 몇 개월을 몸부림쳤다. 그런데 적극적으로 새로운 습관을 만들고 실행하는 대신, 나는 하루하루 주어진 상황에 반응하고 있었다. 하루하루가 고역이었고, 아무리 아침을 잘 시작해도 하루가 끝날 무렵이면 완전히 탈진한 상태가 되었다. 스스로의 자제력 부족에 짜증이 나고 지친 나는 일과를 재점검해볼 때가 되었음을 깨달았다. 무엇이 제대로 안 돌아가고 있는지 파악해서 제대로 돌아갈 수 있는 새로운 일과를 만들어야 했다. 그런데 어떻게 해야 할지 갈피를 잡을 수 없었다.

그러던 어느 날 아침, 나는 자존심을 내버리고 남편에게 조언을 구하기로 결심했다. 내겐 큰 의미가 있는 일이었다. 그동안은 모든 문제를 혼자 해결하려고 애썼기 때문이었다. 나는 그에게 그리고 나 자신에게 인정했다. 내가 정말 몸부림치고 있다는 것을. 우리는 한참 이야기를 나누었고 나의 가장 큰 문제 중 하나가 일찍 일어나기를 중단하고 늦게까지 깨어 있는 것이라는 데에 결론이 도달했다. 나는 하루 중 내 두뇌활동이 가장 왕성한 시간을 잠으로 허비하고 있었다.

아침에 일어나는 시간을 시작으로 다시 한 번 아침 일과로 만들고 싶은 습관의 목록을 만들었다. 옷 입기, 커피 만들기, 명상과 기도 시간 등등 아침 일과에 포함되는 모든 것을 낱낱이 기록했다. "화장실 가기" 같은 조금 한심한 것까지 최대한 상세하게 넣었다. 과연 그런 것까지 상기시킬 필요가 있냐고? 하지만 나는 전부 다 적었다. 어떻게 하는지 몰라서가 아니라 '매일 아침 아주 똑같이' 하고 싶어서였다. 목록이 있으면 그것들이 습관으로 자리 잡을 때까지 매일 순서대로 할 수 있을 테니까. 자명종이 울리는 순간부터, 나는 목록에 적힌 대로 할 것이다.

그러나 나는 거기서 멈추지 않았다. 아침형 인간인 나에게 철저한 저녁 일과표를 구축하는 게 보다 더 중요하다는 생각이 들었다. 나는 매일 밤 여섯 시 이후 쓸모없는 인간이 되기 십상이었지만 그 시간에 보다 나은 아침 시간을 만들기 위해 필요한 일들을 할 수 있었다. 이를테면, 15분 정도 집 안을 정리하고, 입을 옷을 준비해놓고, 다음 날 해야 할 일들을 적어놓고, 심지어는 샤워하는 것까지. 내가 저녁 시간에 얼마나 무기력한지를 알기 때문에 남편에게 격려를 받고 일과표를 지킬 수 있도록 도움을 받는 것까지 포함시켰고, 남편에게, 무슨 일이 있어도 10시에는 내가 잠자리에 들 수 있게 해달라고 부탁했다.

솔직히 말하겠다. 두어 주 동안은 정말 힘들었다. 새 일과를 구축하기가 두 번째는 훨씬 더 힘들었고 정말 고통스럽게 느껴진 순간도 여러 번이었다. 수많은 아침, 나는 너무도 간절히 늦잠을 자고 싶었고 저녁이 되면 자정까지 넷플릭스[14]를 볼 수만 있으면 소원이 없겠다는 생각이 들 때도 많았다. 그 모든 과정을 견디는 동안 남편이 나의 버팀목이 되어주었고, 내가 포기하고 싶은 순간에도 나를 믿어주고 격려해주었다.

그리던 어느 날, 새 일과를 시작한 지 몇 주 만에, 더 이상은 그 일이 그렇게 힘들게 느껴지지 않았다. 아침 일찍 일어나는 것도 그다지 괴롭지 않았고 시간이 흐를수록 당연하게 느껴졌다. 새로운 습관이 자리를 잡기 시작했고, 나는 더 이상 목록을 볼 필요가 없게 되었다. 모든 단계를 생각조차 하지 않고 자동으로 밟아나갈 수 있었다. 그보다 더 놀라운 것은, 다시 여분의 시간과 에너지를 갖게 되었다는 것이다. 나는 아이들, 남편과 더 좋은 시간을 보낼 수 있었고 심지어는 저녁식사를 준비하는 것조차 그다지 힘들지 않았다. (적어도 몇 번은!)

너무 근사해서 믿기 어려운 얘기지만 자동모드 상태로 옮겨갈수록, 소중한 일들을 할 의지가 보존된다. 만약 여러분이 나와 같다면, 훌륭한 시간 관리는 너무 거창하고, 부담스럽고, 현실적으로 불가능에 가

14 미국 최대 온라인 동영상 콘텐츠 스트리밍 업체

까운 일처럼 보일 것이다. 소중한 24시간을 잘 써야 한다는 부담감은 너무도 견디기 힘들다. 반면, 몇 가지 결정적인 습관을 구축하는 것은 그다지 큰 노력 없이도 누구나 할 수 있다. 결국 습관이 우리가 하는 일을 결정짓는다. 습관을 소중히 여겨라.

불필요한 요소를 제거하라

불필요한 요소를 제거하는 것이야말로 시간 관리에서 가장 어려운 대목이다. 나는 무리하게 일 벌이는 데 선수고, 별로 필요하지도 않은 일에 엄청난 시간을 소모하는 데는 그보다 더 뛰어나다. 그리고 이런 사람이 나 혼자는 아닐 거라고 확신한다. 아마도 누구나 자신의 하루 중 시간을 채워주는 일과 시간을 낭비하는 일 몇 가지를 짚어낼 수 있을 것이다. 오레오를 사 먹으면 될 것을 손수 과자를 굽는다든가, TV를 보면서 한 시간(혹은 네 시간)을 보낸다든가, 핀터레스트를 보며 군침을 흘린다든가. 그보다 좀 더 고상한 일, 이를테면 시간이 나지도 않는데 위원회 모임을 주도한다든가, 아니면 그날 하루에 이미 세 개나 일정이 잡혔는데도 생일파티에 참석한다든가.

불필요한 요소를 제거할 때야말로 우선순위를 정하고 장기적인 목표를 갖는 게 절대적으로 중요해지는 시점이다. 하루를 되돌아보았을 때 너무 많은 시간이 우리의 우선순위 혹은 가장 중요한 목표에 부합되지 않는다면, 뭔가 대책을 세워야 한다. 우리가 하고자 하는 일들의 습관과 패턴을 구축하는 것이 중요한 만큼, 우리의 삶에 가치를 보태어주지 않고 시간만 잡아먹는 일들을 제거하는 것도 그와 똑같이 중요하다.

다음 한 주 동안 당신이 하는 모든 일을 적어본다면 어떨까? 당신의 기록은 2장에서 설정한 우선순위와 일치하는가? 아니면 4장에서 적어놓은 목표와 일치하는가? 만약 제3자가 당신이 시간을 사용하는 것을 본다면? 당신이 시간을 사용하는 방식이 당신에게 가장 소중한 일이 무엇인지를 반영하고 있는가?

거절한다는 건 때로 어려운 일이다. 나의 거절이 누군가를 실망시킨다거나 우리가 좋아하는 일을 할 기회를 저버리는 것일 경우에는 더더욱 그렇다. 오늘날 우리 사회에는 완전히 압도당할 때까지 쌓고 또 쌓아두라는 유혹이 산재해 있다. 모임, 스포츠, 취미생활, 의무, 주의를 분산시키는 것, 채널, 자선행사를 비롯해 모든 게 예전보다 더 많아졌다. 정말 화가 나는 건, 그 모든 게 전부 다 그럴듯해 보인다는 것이다!

> 물론 우리는 올해 크리스마스 가장 행렬에 참석한다. 연습은 앞으로 석 달 동안 일주일에 두 번? 글쎄, 어떻게든 시간을 내봐야지.
>
> 학교에 스물네 개의 컵케이크가 필요하다고? 내일까지? 문제없어!
>
> 토요일 오후 3시 생일파티? 우리 갈게요! 아, 잠깐. 조금 늦을지도 모르겠어요. 축구경기가 있거든요. 그다음엔 바이올린 레슨. 그다음엔 걸스카우트. 그리고 또 하나 생일파티가 있긴 한데, 어쨌든 기대할게요!

항상 우리에게 주어진 시간을 초과하는 수많은 행사가 있고, 우리가 감당할 수 있는 것보다 더 많은 기회와 유혹과 의무가 있다. 스스로에게 완전히 정직하다면, 나는 우리 삶에서 많은 시간을 잡아먹지만 가치를 보태지는 않는 일 몇 가지는 꼽을 수 있을 거라 생각한다. 우리는 주어진 시간에 할 일과 하지 않을 일을 선별해야 한다. 사실 우리는 이미 매일 선택을 하고 있다. 문제는 이것이다. '우리의 선택이 우리의 소명, 비전, 목표, 열정, 꿈과 일치하는가?'

때로는 당신에게 자비를 베풀어라

몇 년 전, 어느 월요일 아침 나는 멋지게 한 주를 시작할 작정으로 일어났다. 주말 내내 다가올 한 주를 대비하며 보냈고, 오전 8시에 이미 몇 가지 일을 처리한 상태였다. 그날 하루에 대한 나의 예감은 좋았다. 여전히 해야 할 일들이 남아 있었지만, 일단은 출발이 순조로웠다. 그날 하루도 끝내주게 생산적인 하루가 되리란 걸 알고 있었다.

그런데 아주 중요한 사람에게 잠시 통화할 수 있느냐는 문자를 받았다.

여러분의 아이들은 어떤지 모르겠지만, 우리 아이들에게는 놀라운 육감이 있어서 전화벨이 울리는 순간 갑자기 온갖 것들이 필요해진다. 나는 중요한 사람과의 통화를 방해받고 싶지 않아서 통화를 위한 사전준비에 들어갔다. 과자와 물을 준비했고, 두 아이 모두 유아용 변기를 사용하게 했고, 당시 다섯 살이었던 큰딸에게 엄마를 돕는 맏이의 본보기가 되어야 하고, 무슨 일이 있어도 방에서 나오거나 동생이 엄마의 통화를 방해하게 해서는 안 된다고 말했다.

그리고 나는 기다렸다. 전화는 오지 않았고 그 시간은 지나가 버렸다. 또 한 시간이 그렇게 지나가 버렸다. 결국 중요한 사람의 전화가 왔고 아무 방해도 받지 않고 순조롭게 통화를 끝낼 수 있었지만 그날 아침은 그렇게 끝나버렸고 생산적인 아침을 위한 나의 계획 역시 물거품이 되었다.

그날을 또렷하게 기억하는 이유는 바로 그 순간, 아마도 처음으로 내가 깨달았기 때문일 것이다. 나에게 선택권이 있다는 것을. 그날 하루, 나는 미친 여자처럼 목록에 적어놓은 일들을 해치우면서, 그 과정에서 내게 협조해야 하는 아이들에게 소리를 지를 수도 있었다. 마치 기적처럼 아이들이, 두 시간 반 가까이 자기들 방에서 조용히 놀고 있었다는 사실은 완전히 잊고서. 그러나 다행히 나는 그러지 않았다. 스트레스를 받는 대신, 그날 하루에 대한 나의 기대를 조정했다. '해야만 하는 일들'과 '할 수도 있었던 일들'을 다시 점검하고 목록에서 몇 가지를 지우고, 그로부터 몇 시간을 아이들과 함께 아이들 방을 구석구석 치우며 키득거리며 보냈다. 그다음엔 몇 가지 볼일을 처리하고, 심지어 컵케이크를 먹는 여유도 누렸다. 물론 내가 해야 할 일들을 다 처리하진 못했지만 그날도 훌륭한 하루였다.

사람들은 가끔 나에게 묻는다. 그 많은 일을 어떻게 혼자 다 하느냐고. "어떻게 다 하세요? 비결이 뭐죠? 슈퍼우먼이신가 봐요."

그들이 알았으면 좋으련만! 슈퍼우먼이라면 적어도 샤워할 시간 정도는 낼 수 있을 것이다! 솔직히 가끔 나 자신이 대단하다고 느껴지는 순간이 있긴 하지만, 때로는 엄연한 삶의 진실들이 엄청난 소음과 함께 나를 현실로 끌어내린다. 그럼에도 불구하고, 나이가 들어가면서 그리고 바라건대 보다 지혜로워지면서, 나는 보다 유연하게 상황에 대처하는 법을 터득하게 되었다.

시간을 아끼기 위한 몇 가지 기본 규칙을 지키는 것 역시 큰 도움이 되었다.

우선순위를 파악하라. 우선순위에 대해 이미 많은 이야기를 나누었지만, 할 일이 너무 많을 때 정말 중요한 일이 무엇인지 아는 것은 할 일 목록(그리고 그것으로부터 파생된 일들)을 작성하는 데 도움이 된다. 가장 중요한 일의 목록을 작성하고 매일 확인하라.

아침을 잘 시작하라. 하루의 시동을 제대로 걸어줄 일관성 있는 아침 일과를 만들어라. 나에게는 한 잔의 커피를 놓고 하는 기도와 명상의 시간이 큰 효과가 있다. 그 밖의 아침 의식으로는 침대를 정리하는 것과 가장 힘든 일부터 먼저 처리하는 것 등이 포함된다.

성공적인 하루를 위해 미리 준비하라. 다음 날을 위해 저녁에 몇 분의 시간을 내라. 다음 날 입을 옷을 고르고, 점심을 준비하고, 약간의 청소를 하고, 설거지가 다 되었는지 확인하라. 그런 것들로 다음 날 아침이 매끄러운 출발이 될지 혼란의 소용돌이가 될지가 결정된다. 마찬가지로 일요일 저녁에 세탁, 요리, 청소를 해두면 한 주 내내 지속되는 동력을 만들 수 있다.

스스로에게 자비를 허락하라. 일정표대로 일이 착착 진행되고 목록에 있는 일들을 전부 다 지우는 날이면 나 자신이 자랑스럽고 뿌듯한 기분이 든다. 하지만 그런 날은 극히 드물다. 사실 그런 날은 거의 존재하지 않는다. 그 나머지 날들은 끊임없이 나의 기대를 조정해야 하고 나의 할 일 목록의 순위를 재점검해야 하고 나 자신에게 엄청난 자비를 베풀어야 한다.

한번은 친구와 수다를 떨다가 우리 둘 다 친분이 있는 어떤 친구는 모든 걸 다 가진 것 같은데 난 엉망진창이라고 말한 적이 있었다. 그녀는 완벽한 직업에 완벽한 아이들이 있고, 모든 일을 능숙하게 처리하며 항상 침착한 반면, 나는 늘 지각하고, 우리 아이들은 하루의 반을 발가벗은 채 돌아다니고, 카운터에 머리를 박고, 온몸을 페인트로 칠하는 등 별의별 희한한 짓을 다 하고 돌아다닌다고. 나는 전화에 답하는 것도 잊어버리고, 발표회나 다과회도 못 가고, 여러 가지 일을 제대로 처리하지 못해서 정작 중요한 일들을 빼먹는 엄마라고.

나의 다정한 그리고 나보다 훨씬 더 지혜로운 친구는 너무도 심오한 대답을 해주었고 그 말은 그날 이후 항상 내 가슴속에 남아 있다. 그녀가 말하기를, "결국 우리 모두에게 똑같이 24시간이 주어진다는 거 몰라?" 친구는 나에게 밖에서 보기에는 모든 것이 완벽해 보일지라도 세상에 슈퍼우먼 따위는 존재하지 않는다고 말했다. 그 누구도 하나도 놓치지 않고 언제나 모든 걸 완벽하게 해낼 수는 없다고. 그렇다고 해서 우리가 덜 훌륭한 것은 아니라고. 우리도 인간일 뿐이라고.

자제력과 시간 관리 기술은 멋진 도구이고 우리가 개발하고 강화시켜야 할 덕목이다. 결국 목록에 있는 어려운 일들을 해내고 목표를 달성할 수 있도록 우리를 이끌어줄 좋은 습관을 만드는 것은 우리의 의지다. 그렇다고 해도 항상 그 모든 일을 다 잘해낼 수는 없다는 사실을 인정하는 자비를 베풀어야 한다. 가장 중요한 일을 시야에서 벗어나게 하지 마라. 나머지는 알아서 제자리를 찾을 것이다.

도전 과제

시간을 벌어라

일주일 동안, 평상시보다 30분 일찍 일어나겠다고 결심하고 그 시간을 4장에서 만든 중요한 목표 중 한 가지를 위해 할애하라. 한 주가 끝나면 당신의 진도를 평가하라. 그 시간에 무엇을 달성할 수 있었는가? 당신이 할 수 있다고 생각했던 것보다 더 많이 혹은 더 적게 달성했는가? 이 과정이 당신의 삶에 변화를 일으키는 데 영감이 되었는가?

아침에 하고 싶은 일 세 가지의 목록을 만들고 잠자리에 들기 전에 하고 싶은 일 세 가지의 목록을 만들어라. 그 목록을 스탠드 위에, 욕실 거울에, 냉장고에 혹은 자주 보는 장소에 붙여놓아라. 무의식적으로 하게 될 때까지 매일 그 일을 하라. 그러고 나서 일상의 필요에 따라 추가적인 단계를 덧붙여라.

마지막으로, 현재 당신의 일정을 정직한 시선으로 바라보아라. 당신이 시간을 보내는 방식이 진정으로 당신의 우선순위를 반영하고 있는가? 당신의 하루에서 완전히 제거할 수 있는 부분이 있는가? 당신의 아침, 저녁, 주말의 일과를 어떻게 조정하면 당신의 하루가 좀 더 매끄럽게 돌아갈 수 있을까?

여섯 번째

단계

덜 가질수록
더 행복하다

집 안에 쓰임새가 확실치 않거나,

아름답다고 느껴지지 않는 물건은 하나도 두지 마라.

윌리엄 모리스

너희는 가진 것을 팔아 가난한 사람들을 도와주고

너희 자신을 위해 낡아지지 않는 주머니를 만들어라.

그것은 없어지지 않는 보물을 하늘에 쌓아두는 것이다.

그곳은 도둑이 가까이하는 일도 없고 좀먹는 일도 없다.

너희 보물이 있는 곳에 너희 마음도 있다.

누가복음 12장 33절-34절

온 집 안이 잡동사니 천지였다

이렇게 된 탓을 남에게 돌리고 싶었지만 우리 집의 혼돈과 엉망진창은 그 누구도 아닌 내 탓이었다. 물론 씀씀이가 헙헙한 애들 고모가 다 쓰지도 못할 정도로 책이며 미술 도구, 옷을 쏟아부은 건 사실이지만, 나 역시 집 안을 예쁘지만 쓸모는 없는 물건들로 가득 채웠다는 점에서 똑같이, 어쩌면 더 큰 책임이 있다. 타깃에 한 번 다녀오기만 해도 깜찍한 새 행주나 사진틀, 유명 디자이너의 신상품 레인부츠가 생긴다. 포터리 반 카탈로그를 펼쳤다 하면, 곧바로 램프가 하나 더, 러그가 한 장 더, 베개가 하나 더 필요해졌다.

나의 쇼핑중독과 시누이의 헙헙한 씀씀이의 조합은 가히 치명적이었다. 어느 날 아침에 눈을 떠보니 문자 그대로 우리가 온갖 잡동사니에 치여 허우적거리고 있다는 사실을 깨달았다.

조치가 필요했다.

나는 우리의 삶에 일어난 이 혼란을 제거하겠다는 사명감으로 그동안 축적해온 넘쳐나는 물건들을 처분하기 시작했지만 진행이 더디었다. 우리 집은 쓰레기로 가득 찬 것이 아니었다. 정말 예쁘지만 꼭 필요하지 않은 물건들이 가장자리까지 찰랑거리고 있었다. 부러지거나 손상되었거나 오래되었거나 허접한 물건들을 처분하기는 쉬웠지만, 아직 쓸모가 있고 가치가 있는 물건들을 처분하는 것을 정당화하기가 어려웠다. 낭비 같았다. 몇 달에 걸쳐서, 나는 서서히 딸들의 장난감 속에서 잡초를 뽑기 시작했고 실제로 가지고 놀았던 것들과 아이들의 상상력을 자극했던 것들만 남겨두려고 노력했다.

그렇게 했는데도, 아이들이 여전히 너무 많은 물건을 갖고 있다는 경고등이 켜져 있었다. 어느 주말, 우리는 아이들을 데리고 올랜도의 파충류 공원에 갔다. 구경을 하고 나서 다운타운 디즈니에 위치한 공룡을 소재로 한 레스토랑에서 저녁식사를 하면 좋겠다는 생각이 들었다. 테이블로 안내되기를 기다리고 있는데 여섯 살 매기가 선물 가게 안에 있는 공룡 만들기 코너[15]를 가리키면서 들어가자고 졸랐다. 우리는 안 된다고 했지만 그때부터 매기는 그것 말고는 아무것도 머리에 들어오지 않는 것 같았다. 매기는 맛있는 식사를 하는 내내, 유성우와 움직이는 공룡 쇼에 둘러싸여 있었는데도, 눈앞에 펼쳐진 놀라운 공연에 집중하지 못하고 자신이 갖지 못한 한 가지만 생각하고 있었다. 매기는 퉁퉁 부어 심술을 부리느라 공연을 즐기지 못했다.

집으로 오는 세 시간 동안, 재미있는 것들을 마음껏 즐기지 못했던 매기 때문에 걱정이 된 우리는 그날 본 멋진 것들에 대해 이야기했다. 우리가 가장 좋아하는 파충류 이야기도 했고, 애니가 보아뱀을 세 번이나 만지고 싶어 했고 심지어 보아뱀에게 키스까지 했을 때 얼마나 재미있었는지 이야기했다. 집으로 돌아왔을 때 공룡 만들기는 이미 잊혀졌다. 적어도 그 아이한테는. 그러나 우린 여전히 걱정이 되었다.

그 뒤로 몇 주 동안, 척과 나는 만족할 줄 모르는 큰딸의 성향을 어떻게 다스려야 할지 많은 이야기를 나누었다. 그러던 어느 날 아침, 올

15 이용자들이 직접 충전재를 채워 봉제 공룡을 만들어보고 공룡 액세서리를 구입하는 코너

랜도에 다녀오고 나서 몇 주 후, 내가 우리의 삶을 단순하게 만들기로 결심한 지 6개월 뒤, 나는 아이들의 장난감을 전부 다 내다 버리겠다는 다소 충동적인 결단을 내렸다. 나는 아이들에게 반복해서 경고했다. 장난감을 제대로 정돈해놓지 않으면, 장난감이 없어질 거라고. 통제 불능 수준의 엄청난 혼란을 정리하라고 요구한 게 아니었다. 불과 이틀 전 아이들 방을 정리했고 바닥에 뒹구는 장난감들을 분류표가 붙은 바구니에 집어넣기만 하면 되었다.

장난감을 정리해달라고 여러 차례 부탁한 뒤, 마침내 더 이상은 안 되겠다는 생각이 들었다. 나는 설득하기를 포기하고 전부 다 치워버렸다. 있는 대로 화가 났고, 지긋지긋했고, 그래서 침착하게 장난감 한두 개를 내다 버린 게 아니라 싹 다 치웠다. 아이들의 놀이옷, 아기 인형, 폴리 포켓 시리즈[16] 그리고 봉제 인형. 블록, 장난감 기차, 리틀리스트 펫숍[17]의 동물 피규어, 인형의 집 안에 있던 가구와 장난감 부엌의 플라스틱 음식까지도. 심지어 아이들의 침대 위에 있던 예쁜 이불까지 치웠고, 그러고 나니 수수한 흰 시트와 그 밑의 담요만 남았다. 아이들은 침묵 속에서 멍하니 그 광경을 지켜보다가 충격이 잦아들자 나를 도와 함께 치웠다.

그러고 나니 방이 깨끗해졌다.

16 주머니 크기의 작은 인형과 인형의 집 소품들이 들어 있는 장난감 세트
17 미국의 장난감 프랜차이즈 회사로 다양한 동물 피규어를 판매하고 있다.

패러다임을 바꾸어라

그 한 번의 결단으로 우리의 삶에 얼마나 큰 변화가 닥칠지 나는 전혀 예상하지 못했다. 그로부터 4주 후 아이들을 데리고 키웨스트로 가족여행을 떠났을 때 처음 변화를 감지했다. 이전의 여행과는 대조적으로, 아마도 처음으로, 그 주말 내내 딸들은 아무것도 사달라고 조르지 않았다. 장난감도, 싸구려 기념품도, 노점상에서 파는 불 켜지는 목걸이조차도. 아무것도 사달라고 하지 않았다. 우리는 수백 개의 가게를 지나쳤고, 진열대를 구경하는 것을 즐겼지만 단지 그것으로 만족했다. 나에게 가장 놀라웠던 것은 우리가 아이들에게 사달라고 조르면 안 된다고 가르친 적이 없다는 사실이었다. 아이들은 알아서 그렇게 했다.

내가 두 눈으로 직접 보지 않았다면 물건에 대한 집착이 그토록 쉽게 사라질 수 있다는 걸 믿을 수 없었을 것이다. 아이들 장난감을 전부 다 치웠을 때 나는 앞으로 무슨 일이 일어날지 두려웠다. 성장발달에 반드시 필요한 장난감을 빼앗아버린 건 아닌지, 혼자 놀 수 있는 능력을 빼앗아버린 건 아닌지, 아이들에게 평생 지우지 못할 상처를 준 건 아닌지 걱정이 되었다.

그런데 실제로는 그 반대였다. 아이들은 따분해하기는커녕 갑자기 할 일이 많아졌다. 집중력이 더 좋아졌고 눈앞에 주어진 상황에 더 집중할 수 있게 되었다. 한 번에 몇 시간씩 책을 읽거나 색칠을 했다. (책과 미술용품은 여전히 가지고 놀 수 있었다.) 그리고 오후 내내 숨바꼭질을 하거나 공들여 창의적인 놀이를 만들었다. 아이들은 훨씬 더 만족했고, 자기들이 가진 것들에 감사했고, 다른 물건을 사고 싶다는 끝없는 욕구를 느끼는 대신 그 순간을 즐겼다. 인내심이 늘었고, 기꺼이 나누고 싶어 했으며, 다른 사람들의 어려움에 더 공감했다. 아이들은 심지어, 서로 거의 싸우지도 않았다. 친구도 더 많이 놀러왔고, 자기 방 장난감도 치우면 안 되냐고 물었다는 아이도 더러 있었다.

그보다 더 중요한 것은 아이들 스스로 과다하게 갖는 것에 민감해졌다는 점이었다. 장난감을 되찾을 수 있는 기회가 주어졌을 때에도 별로 원하지 않았고, 설령 원한다고 해도 영원히 가질 생각은 하지 않았다. 아이들은 아메리칸 걸[18] 인형과 몇 개의 봉제 인형만 원했고, 우리는 가끔 갖고 놀 수 있도록 레고와 바비 인형을 선반 위에 두었다. 그러나 전반적으로 아이들은 너무 많은 물건들 속에서 허우적거리는 것을 원치 않았고 오히려 청소하느라 많은 시간을 보내지 않아도 된다며 기뻐했다. 장난감을 치우던 날, 다 치우고 나서 몇 시간 뒤, 큰딸이 내게 말했다. "엄마, 이제 우리 장난감 없어도 돼요. 책 읽고 우리가 상상하면 되니까요. 이젠 청소 안 해도 되겠네!" 많이 갖는다고 더 행복해지는 것이 아님을 아이들이 나보다 먼저 깨달았던 것이다.

처음 엄마가 되었을 때 나는 내 어린 시절을 새로 시작할 수 있을 것 같아서, 내 과거의 모든 실수와 후회들을 바로잡을 수 있을 것 같아서 기뻤다. 내가 갖지 못했던 모든 것을 아이들에게 주지 못해 안달했

18 미국의 인형 브랜드

다. 나는 우리의 삶이 완벽하기를 바랐고 내가 생각하는 완벽함에는 아름다운 물건들로 완벽하게 꾸며진 침실과 부족한 것 없는 아이들의 삶이 포함되어 있었다. 나는 온갖 물건들을 쏟아붓는 것을 아이들을 행복하게 해주는 것과 동일시했다. 그것은 소비 중심의 문화 속에서 태어나는 그 순간부터 우리의 머릿속에 주입되는 메시지였다.

"다 거짓말이다!"

따분하거나 불행할 때면 단지 그 공허함을 메우기 위해 물건을 사는 때가 너무도 많았다. 나는 다운사이징[19]이나 소박한 삶에 대해, 과잉의 삶을 중단하는 것에 대해 자주 이야기하면서도, 여전히, 심지어는 지금도, 좀 더 사고 싶은 욕망을 억누르지 못한다. 나는 세일이라고, 이 정도면 진짜 착한 가격이라고, 꼭 필요한 물건이라고, 내가 열심히 일했으니까 이 정도는 사도 된다고 나의 소비를 정당화한다. 그러나 실제로는 그보다 훨씬 더 뿌리 깊은 문제를 해결하기 위해 물건을 사는 것이다.

물질은 그 자체만으로는 나쁜 것도 위험한 것도 아니지만 우리가 가지고 있는 것만으로는 충분치 않다고 끊임없이 속삭이는 세상에서, 물질에 대한 사랑은 우리를 단숨에 집어삼킬 수 있다. 물질을 추구하다 보면, 더 많은 장난감, 더 멋진 옷, 더 예쁜 집, 더 근사한 차, 신형 컴퓨터를 갖고 싶어 하다 보면, 정말 소중한 게 무엇인지 망각하게 된다.

장난감을 치우고 나서 아이들의 현실적이고 즉각적인 변화를 간파

19 규모의 축소를 뜻하는 말로 여기서는 가계의 소비 규모를 줄이는 것을 의미한다.

한 뒤에야 나는 진심으로 그 사실을 이해하기 시작했다. 내가 아이들에게 가르치려던 것은 사실 아이들이 내게 가르쳐준 것이었고, 내가 아주 오래전에 배웠어야 할 교훈이었다. 덜 갖는 것이야말로 더 큰 기쁨이라는.

잡동사니를 치워라

물론 덜 갖고 싶다고 생각하는 것과 실제로 그 생각을 실천하는 것은 전혀 별개의 문제다. 척과 나는 온갖 물건들로 집 안을 채우는 것보다 집을 비우기가 훨씬 더 어려운 일임을 깨달았다. 오해 마시기를. 평상시 우리의 안락하고 아담한 방 세 개, 욕실 두 개짜리 집은 비교적 깔끔하고 깨끗하고 잡동사니가 없어 보인다. 심지어 정리가 잘된 것 같다. 접시는 깨끗하게 닦여 있고, 잡동사니는 바닥에 뒹굴지 않고, 어쨌든 어딘가에는 들어가 있다. 하지만 벽장이나 찬장, 보관함 문 뒤에 온갖 물건들이 쑤셔 박힌 채 도사리고 있다. 그리고 지하실에도. 특히 지하실에도.

때로 우리의 발전은 고통스러울 정도로 서서히 일어난다. 우리의 결혼생활 거의 내내, 물건을 사들이고 내버리는 것에 관해서 만큼은 척과 나는 항상 충돌했다. 내 철학은 "쉽게 사고 쉽게 버린다"였다. 내 마음속 쇼핑중독자는 물건을 사들이기를 좋아하지만, 내 마음속의 결벽증 환자는 그걸 다 내다 버리고 싶어 한다. 반면 척은, 거의 모든 물건을 사기 싫어한다. 그는 상가에 발을 들여놓는 것만 피할 수 있다면 무슨 짓이든 할 수 있는 사람이다. 그러나 한 번 우리 집으로 들어온 물건은 절대 나가는 꼴을 못 본다. 그에게 그것은 낭비를 뜻한다. 그의 생각은 틀린 게 아니다.

문제는 서로 다른 두 사람의 성격이 조합된 결과, 우리 집이 한마디로 블랙홀이 되었다는 것이다. 무엇이든 한 번 우리 집에 들어오면, 무슨 일이 있어도, 절대로, 떠나지 않았다. 결국 진정한 그리고 지속되는 변화의 촉매제는 아이들 장난감을 내다 버린 사건이었다. 아이들에게 일어난 엄청난 변화를 바라보면서, 과잉을 차단하는 것에서 오는 만족과 기쁨을 바라보면서, 물질에 대한 나의 인식이 완전히 바뀌었다. 오랜 세월 동안 공허함을 물질로 채우려 애써왔던 나는 마침내, 마침내 쇼핑을 멈추었다. 내가 물건을 사들이기를 멈추고 나니 척도 물건을 내다 버릴 수 있었다.

그렇게 해서 처음으로, 그동안 주로 내가 축적해왔던 온갖 잡동사니를 처분할 수 있게 되었다. 기분 좋은 일이었다! 버릴수록 더 버리고 싶었다. 정돈은 정돈을 불렀다. 처음엔 쉽지 않았다. 버릴 물건이 너무 많았기 때문에 시간도 많이 걸렸다. 언젠가 이 일을 끝낼 수 있을지조차 확신할 수 없었다.

그런데 그 과정에서 우리는 잡동사니를 처분하고 그 상태를 유지할 수 있는 몇 가지 유용한 기술을 터득했다. 만약 여러분에게도 대대적인 집 안 살림 숙청작업이 필요하다면, 이런 전략이 도움이 될 수 있을 것이다.

초벌 쓸어담기. 상자 한 개와 대형 쓰레기봉투 한 개를 준비하고 한쪽 구석에서부터 집 전체를 가로질러라. 방마다 들어가서, 쓰레기 혹은 더 이상 필요치 않은 게 확실한 물건들을 색출하라. 눈에 보이는 것들만 집어라. 아직은 서랍이나 옷장 속까지 뒤집지는 마라. 집어낸 물건들은 버리거나 기부 상자에 넣어라. 그런 식으로 집 전체를 훑어라. 이 작업은 간단하고 별로 힘들지 않아서 단시간에 큰 성과를 거둘 수 있다.

한 번에 한 곳만. 일단 초벌 표면 색출작업을 끝냈다면 이번엔 좀 더 깊이 들어갈 차례다. 내 말 믿기를. 한 번에 한 곳 이상을 마구잡이로 파헤치는 것은 절대 금물이다. 순식간에 압도당하고 말 테니까! 대신 작고 해볼 만한 구역에서 시작하라. 구석방이라든가, 옷장 하나, 캐비닛 하나, 혹은 서랍 하나만. 기증할 물건을 넣을 상자와 제자리로 돌려놓을 빨래 바구니 하나, 쓰레기를 담을 쓰레기봉투 하나로 무장하라. 한번 일을 시작하면 끝날 때까진 자리를 뜨지 마라.

냉혹하게 추방하라. 지금 필요한 물건만 그대로 두어라. 누가 준 것이건, 얼마짜리이건 상관하지 마라. 결코 쉽지 않을 것이다. 특히 처음에는. 바로 그 대목에서 냉혹함이 필요하다. 물건을 정리하면서 이런 질문을 던져보아라.

- 사용하고, 입고, 가지고 노는 물건인가?
- 옷이라면, 아직 몸에 맞는가?
- 제대로 작동되는 물건인가?
- 어떤 식으로든 우리의 삶을 풍요롭게 하는 물건인가?

- 본질적 가치를 지니고 있는 물건인가?
- 다른 사람이 더 잘 쓸 수 있는 물건인가?

정리할 물건들을 네 개의 항목으로 분류하는 것도 도움이 될 것이다. 첫째, 그대로 두어야 하지만 다른 잡동사니를 처분한 뒤에 재배열하거나 정돈해야 할 물건. 둘째, 기부 상자로 곧장 들어가야 할 물건. 셋째, 쓰레기봉투로 곧장 들어가야 할 물건. 마지막으로 전혀 다른 곳에 두어야 하는 물건. 커다란 빨래 바구니에 그 물건들을 담고 다른 방으로 이동하기 전에 바구니를 정돈하라. 그리고 그 과정을 반복하고, 반복하고, 반복하라!

집 밖으로 들고 나가라. 내놓을 물건들을 결정했다면 최대한 빨리 치워라. 기증할 물건 상자나 팔아야 할 물건 무더기를 차고나 지하실에서 몇 달씩 썩히지 마라. 결국 집 안의 누군가가 그걸 뒤적일 것이고 잡동사니는 그 물건이 있던 자리로 곧바로 돌아올 것이다. 상자 하나를 채우자마자, 차에 싣고 가장 가까운 기부 센터로 최대한 빨리 달려가라. 창고 세일을 하거나 크레이그리스트[20]에서 물건을 팔 생각이라면 곧바로 실행하라.

함께 치워라. 잡동사니를 한꺼번에 전부 다 치워버릴 생각이라면 배우

20 부동산, 구인구직, 상품매매, 포럼 등이 포함되어 있는 미국의 커뮤니티 사이트

자와 합의하는 게 무엇보다 중요하다. 함께 치우거나 방마다 구역을 나누어 맡는다면 훨씬 더 효과적으로 일할 수 있을 뿐 아니라, 당신을 격려해줄 동반자를 곁에 두는 셈이라 의욕도 생길 것이다. 아이들이 어느 정도 컸다면 그 과정에 동참하게 하고 함께 즐길 수도 있을 것이다. 아이들에게 물건을 팔게 하고 물건을 팔아 번 돈을 갖게 할 수도 있을 것이다. 당신의 전쟁을 우리와 잡동사니의 전쟁으로 선포하고 반드시 이길 각오로 임하라!

흐름을 차단하라. 우리 같은 쇼핑 고수들에게는 이 단계가 말도 못 하게 힘들다. 만약 진정으로 잡동사니 없는 세상에서 살고 싶다면, '물건을 사들이는 것' 자체를 중단해야 한다. 물건을 집 안으로 들이는 것을 멈출 수만 있다면 무슨 짓이든 해라. 나에게 가장 좋은 해결책은 유혹을 최대한 피하는 것이었다. 심지어 지금도 타깃을 비롯한 할인매장이나 쇼핑몰에 가면 살 것들이 눈에 뜨인다. 한 가지도 아니고 여러 가지가 눈에 뜨인다. 따라서 나에게 반드시, 절대적으로, 한 치의 의심도 없이 필요한 물건이 없으면, 나는 그곳에 가지 않는다. 중고품 할인점이나 창고 세일, 온라인 쇼핑몰 역시 마찬가지다. '싼값'이라고 해서 당신에게 꼭 필요한 물건은 아니다. 아무것도 사지 않는 것이 세일로 사는 것보다 항상 더 싸다.

선을 그어라. 우리는 그 어느 때보다 과잉과 낭비의 시대에 살고 있다. 불과 50년에서 60년 전만 해도 대부분의 여자들이 몇 벌의 옷과 구두 한 켤레로 지냈지만 요즘은 옷장 한가득 옷이 걸려 있는 걸 아무렇지도 않게 생각한다. 휴일과 생일에는 한두 가지 선물이 아니라 선물 세례 속에 지내고 우리의 부엌과 욕실은 온갖 주방용품과 장식품, 각종 용품으로 넘쳐난다. 모든 것을 살 수 있는 시대이고, 살 수 있는 여유가 있는 경우도 많기 때문에 스스로 선을 그으려고 노력해야만 한다. 내가 터득한 방법 중 한 가지는, 침실 벽장을 정리하는 방법인데, 벽장 옷걸이 숫자를 40개로 제한하는 것이다. 100년 전 옷장과 비교하면 옷걸이 40개도 많지만, 나에게는 그리고 오늘날 대부분의 여자들에게는, 상당히 끔찍한 변화일 것이다. 나는 나한테 맞지 않거나 지난 1년 동안 입지 않은 옷들을 처분했는데 입을 게 없다는 생각이 들기보다는 오히려 새 옷장을 갖게 된 것 같은 기분이 들었다. 그것도 내가 사랑하는 옷장을!

양보다 질이다. 때로 우리는 허접한 싸구려 물건들의 흐름에 너무도 익숙해진 나머지 정말 중요한 것은 질이라는 사실을 잊는다. 어느 순간 우리의 기대 수준이 너무 낮아져서 1년도 안 되어 믹서의 모터가 고장 나거나, 세탁기를 몇 번 돌렸을 뿐인데 새로 산 티셔츠에 구멍이 나도, 겨우 일주일 가지고 논 장난감이 부서져도, 그다지 놀라지 않는다. 사는 물건에 굉장히 까다로워지는 것, 대신 물건을 살 때는 좀 더 오래 쓸 수 있는 물건을 사기 위해 조금 더 투자하는 것은 검소할 뿐 아니라 환경에도 이롭다. 새 물건이 필요할 때, 품질이 좋은 물건을 적극적으로 찾아라. 시간을 내어 구매 후기를 읽어보고 외국 제품보다는 국내 제품을 찾아라. 단기적인 절약보다는 장기적인 가치를 선택하라.

명절 비용을 줄여라

아이들 장난감을 치우고 나서 그 경험을 블로그에 올렸더니 크리스마스나 생일날 장난감을 사주지 않으면 무얼 주느냐고 묻는 사람이 많았다. 미리 생각해둔 건 아니었지만 똑같은 질문을 반복해서 받다 보니 많은 가정에서 이처럼 특별한 날을 주는 날보다는 받는 날로 인식하고 있음을 알게 되었다.

우리 부부도 생일이나 명절이 선물 이상의 의미가 되도록 나름 노력을 해왔지만, 아이들의 장난감을 치우고 함께 잡동사니를 치운 뒤에야 특단의 조처가 필요하다는 생각이 들었다. 우선 아이들에게 선물보다는 재미있는 가족의 전통과 체험의 가치를 강조하는 것으로 시작했다. 감사의 마음을 갖는다는 게 어떤 의미인지와 봉사를 통해 그 감사의 마음을 표현하는 것에 대해 정기적으로 이야기를 나누었다. 덜 가진 사람들을 돕는 것이야말로 많이 가진 자들이 할 일이라는 예수님 말씀을 설명해주고 실제로 온 가족이 봉사할 수 있는 방법을 적극적으로 찾아보기 시작했다.

가장 멋진 명절의 추억은 다른 사람을 위해 봉사할 때 남는다. 우리는 해마다 즐겁게 크리스마스 어린이 선물 상자[21]를 채운다. 아이들이

21 Operation Christmas Child. 국제적인 선교 및 복지단체인 '사마리아인의 지갑 Samaritan's Purse'에서 주관하는 행사로 크리스마스 신발 상자에 어린이를 위한 물품을 담아 전 세계 가난한 지역의 어린이들에게 보낸다.

제 또래 아이들을 위한 선물을 고르고 그 선물들이 어디로 갈지, 다른 나라의 아이들의 삶은 어떨지에 대해 우리와 이야기를 나눈다. 추수감사절에는 고립된 노인들에게 음식을 배달하고 11월과 12월에는 동네 슈퍼마켓 앞에서 구세군 종 울리는 일을 적어도 몇 번은 한다. 크리스마스이브에는 모두가 가족의 품에 있을 때 우리를 안전하게 지켜주기 위해 수고하는 소방서 직원들에게 쿠키를 배달한다. 쿠키 배달은 우리 가족이 가장 좋아하는 크리스마스 행사가 되었다!

그렇다고 해서 우리가 아이들에게 선물을 주지 않는 것은 아니다. 우리도 선물을 준다. 다만, 선물의 수를 제한하고 꼭 필요한 물건을 준다. 새 옷이나 신발, 책 같은 것을 아이들이 갖고 싶어 하는 것 한 가지와 함께 준다. 아이들에게 장난감을 하나 더 사주는 것보다는 테마파크나 동물원, 혹은 가족 휴가에 그 돈을 쓰는 편이다.

친구와 가족들의 태도를 바꾸기까지 시간이 조금 더 걸렸지만 불가능한 일은 아니었다. 우리 가족의 장난감 대혼란의 주범이었던 인심 좋은 아이들 고모까지도. 딸들의 생일파티에 선물을 가져오지 말라는 우리의 요구를 처음엔 아무도 귀담아듣지 않았다. 그나마 대부분의 선물이 장난감이 아닌 책과 미술용품이어서 다행이었지만 말이다. 그다음 생일파티 때 우리는 조금 더 단호한 태도로 문 앞에 기부 상자를 놓을 것이고 가져오는 선물은 전부 다 상자로 들어갈 거라고 통보했다. 그 방법은 효과 만점이었다. 우리가 건성으로 하는 얘기가 아니었음을 알게 된 가족들은 하늘 아래 있는 모든 장난감을 사오는 대신 아이들에게 진짜 필요한 물건이 무엇인지 물었다.

명절 비용을 줄인다는 것은 명절마다 호들갑을 떨지 않는다는 의미도 있었다. 예를 들면, 밸런타인데이라든가 할로윈, 독립 기념일 같은 작은 휴일은 특별한 일정 없이 보낸다.

우리 아이들은 전혀 궁핍하지 않다. 오히려 전 세계 대다수의 아이들과 비교하면, 심지어는 미국에 있는 수많은 아이들과 비교해서도, 과도하게 누리고 있다. 우리 아이들은 편안한 집, 따듯한 침대와 이불, 옷, 신발, 깨끗한 물, 엄청난 양의 음식이 있고 책과 미술용품과 컴퓨터를 얼마든지 쓸 수 있다. 정기적으로 치과에 가고 병원검진도 받는다. 학교에 가고, 자전거를 타고, 수영을 하고, 축구를 하고, 무용과 체조, 바이올린 레슨을 받는다. 우리 아이들은 더할 나위 없이 건강하고, 행복하고, 축복받았다.

내가 아이들에게 줄 수 있는 선물은 너무도 많지만, 아이들에게나 나에게나 결코 주고 싶지 않은 선물이 있다면 바로 물질적인 선물이다. 나는 아이들에게 가장 소중한 것으로 채워진 삶을 선물하고 싶다. 기쁨, 평화, 유대감, 만족, 감사 그리고 연민 같은 것으로 채워진 삶을 선물하고 싶다. 잘 사는 것이 덜 갖고 더 감사하는 것에 다름 아니라면, 그것이야말로 최고의 선물이 아닐까?

도전 과제

넘쳐나는 물건을 버려라

당신의 집이 어떤 상태인지 냉정하게 살펴보라. 온갖 물건들 속에서 허우적거리고 있지는 않은가? 사방에 장난감이 널려 있지 않은가? 잡동사니에 둘러싸여 있는 것 같은가? 지하실이나 다락방이나 차고가 꽉꽉 채워져 있는가? 집 안에 넘쳐나는 물건과 끊임없이 씨름할 필요가 없다면, 당신의 삶이 어떻게 달라질까? 넘쳐나는 물건에 짓눌리지 않는다면 아이들은 어떻게 달라질까?

배우자, 아이들과 함께 집 안에 넘쳐나는 물건을 처분할 계획을 세워라. 아이들 방이건, 차고건, 부엌이건, 거실이건, 가장 신경 쓰이는 곳에서 시작하라.

그리고 잡동사니 처분을 시작하면서 더 이상 물건을 사들이지 않겠다고 다짐하라. 당신을 가장 유혹하는 상점을 피하고 필요한 물건은 양보다 질을 우선해 사라.

일곱 번째

단계

우리가
생각하는 것보다
더 줄여야 한다

우리는 좋아하지도 않는 사람들에게 굳이 좋은 인상을 주려고 우리가 갖고 있지도 않은 돈으로 필요하지도 않은 물건들을 산다.

데이브 램지

그러므로 너희는 '무엇을 먹을까?' '무엇을 마실까?' '무엇을 입을까?' 하고 걱정하지 말아라. 이런 것들은 모두 믿지 않는 사람들이 애써 구하는 것이다. 하늘에 계신 너희 아버지께서는 이 모든 것이 너희에게 있어야 할 것을 다 알고 계신다. 너희는 먼저 하나님의 나라와 그의 의를 구하라. 그러면 이 모든 것을 너희에게 덤으로 주실 것이다.

마태복음 6장 31절-33절

STOP

빨간색으로 테를 두른 유리 미닫이문이 열리는 순간 내 심장은 뛰기 시작한다. 손바닥이 조금 축축해지고, 입안이 마른다. 가게 입구의 완벽한 지점에 서 있는 나는 이미 액세서리 코너에 진열된 알록달록한 스카프를 바라보고 있다. '저 스카프들 진짜 예쁘네! 이제부터 나도 스카프 매는 여자가 되어볼까.' 나의 마음은 순식간에 화사한 스웨터에 화려한 빛깔의 스카프를 두르고, 스키니 진에 굽 높은 부츠를 신은 베키 블룸우드[22]의 이미지로 채워진다. 난 스카프를 맨 여자로 유명해지겠지. 기온이 25도 밑으로 떨어지는 일이 거의 없는 플로리다 남부에 살고 있다는 사실 따위는 일단 접어둔다.

왼쪽 스타벅스에서 풍겨오는 감미로운 커피 향이 나를 몽상에서 깨운다. 5달러짜리 더블 톨 사이즈에 시나몬을 한 번 그리고 반 펌프 넣은, 돌체 라테 엑스트라 핫을 인내심을 갖고 기다리는 동안 나는 근처에 있는 1달러 코너를 찬찬히 훑어본다. 입구 바로 옆에 이런 자그마한 1달러 가게가 있으니 얼마나 편리한가! 커피가 나왔을 때 나의 특대형 빨간 카트는 이것들 없이는 도저히 살 수 없다고 판단한 1달러짜리 물건들로 가득 차 있다.

이제 겨우 매장의 입구인데.

그리고 거기서부터 상황은 점점 더 악화될 뿐이다. 나는 결국 새로 깨닫게 된 나의 스카프 중독에 굴복하고, 스카프를 한 개도 아니고 세 개를 고른다. 어쨌든 지금은 세일 기간인 데다 매번 똑같은 스카프만

22 영국 작가 소피 킨셀라의 소설 시리즈《쇼퍼홀릭》의 여주인공

두르고 다녀서야 어찌 스카프를 맨 여자가 될 수 있겠는가. 나는 문득 그 스카프에 받쳐 입을 예쁜 스웨터가 없다는 사실을 떠올리고, 바로 그 순간, 공교롭게도, 옆 가게에서 브이넥 스웨터가 40퍼센트 세일에 들어가 있다. 앗싸!

통로마다 온갖 판촉행사가 날 부르고 큰딸의 드레스 가게 앞에 이르렀을 때, 사실은 그게 바로 내가 쇼핑을 나왔던 유일한 이유인데도, 내 카트에는 이미 쇼핑한 물건들이 산처럼 쌓여 있다. 예쁜 정리함이 이번 주만 10퍼센트 할인이고, 그걸 본 순간 그 정리함만 있으면 우리 욕실의 모든 수납문제가 해결되리란 걸 깨닫는다. "이제 깔끔한 욕실의 주인이 되어야지." 깔끔하게 정리된 욕실용품의 이미지에 사로잡힌 채 내가 중얼거린다. 집에 세정제가 열네 병이나 있지만 새로 나온 다목적 세정제가 그것보다 훨씬 좋아 보인다. 이 세정제는 유기농제품이고 코코넛 라임 버베나 향이다. 버베나가 무슨 뜻인지는 정확히 알지도 못하지만 그래도 갖고 싶다. 향이 기가 막히네! 더구나 이쁘기까지! 거기다 한정 판매란다.

나는 이미 완전히 발동이 걸린 상태이고, 여아 의류 코너에서는 자제력이라고는 찾아볼 수가 없다. 예쁜 옷이 너무 많다! '걔가 옷이 분명히 좀 필요하긴 해.' 내가 생각한다. '한창 클 나이잖아.' 보라색 벨루어 바지, 데님처럼 보이는 제깅스, 카울 넥 스웨터, 스팽글 티셔츠. 아직 어린애인데도 그 아이는 이미 내가 기대했던 수준보다 훨씬 더 세련되었다. '사랑스러운 패셔니스타 딸을 둔 여자가 되어야지.' 그 아이가 입는 옷은 부모로서의 내 능력을 반영하는 게 분명하니까. 만약 그 애가 옷을 잘 못 입으면 난 형편없는 엄마인 것이다.

카트에 물건을 하나씩 담을 때마다, 새로운 스릴을 느낀다. 물건을 하나 더 사는 데서 오는 희열에 이성의 목소리가 파묻혀버린다. '그만해! 너한텐 그런 게 필요하지 않아! 그걸 원하지도 않잖아!' 계산대가 흐릿해진다. 다시 한 번 생각해보려 했지만 어떤 방식으로 돈을 지불할지 고민하느라 정신이 없다. 현찰로 일부를 결제하고 일부는 직불카드로, 그 나머지는 다른 신용카드 두 개로 나누어 내야지. 상가를 나서면서 영수증을 버림으로써 증거를 인멸한다.

집으로 돌아오는 길에 나의 구매를 정당화하는 연습을 하고 척이 아직 돌아오지 않았기를 그리고 내가 실제로 얼마나 샀는지 척이 알지 못하게 물건들을 얼른 정리해놓을 수 있기를 바란다. '진짜 우리한테 필요한 물건이었어. 정말이야. 걱정 마, 그건 선물이니까. 이건 거의 다 떨어졌어. 어차피 더 사야 했어. 하지만 세일 중이었다고!' 어쩌면 큰 칼을 뽑아들어야 할 수도 있었다. '이건 당신 주려고 산 거야!'

사실 나의 마음은 후회로 가득 차 있다. 마음속 깊은 곳에서, 나는 알고 있다. 돌아가서 전부 다 환불해야 한다는 것을. 하지만 나는 그렇게 하지 않는다. 내 자동차 뒷좌석은 필요하지도 않고, 살 형편도 안 되는 물건들로 가득 차 있다. 이미 사들인 물건만으로도 파묻혀 죽을 지경인데, 또 저지르고 말았다. 도대체 왜 멈출 수 없는 것일까?

나는 너무 외로웠다.

그러나 내가 혼자가 아니란 걸 나는 알고 있다.

위험한
습관

2012년 컨트리 파이낸셜[23] 주최로 시행한 라스무센[24] 조사에 따르면, 미국인의 52퍼센트, 그러니까 전체 인구의 반 이상이, 1년 중 몇 개월은 자신이 번 것보다 많이 쓰고, 21퍼센트, 그러니까 다섯 명 중 한 명꼴로 정기적으로 매월 자신의 수입을 초과하여 과다한 지출을 하고 있다. 재미있는 것은 같은 조사에서 오직 9퍼센트만이 자신들의 생활방식이 감당할 수 있는 수준을 벗어났다고 생각한다는 점이었다. 과다 지출에 대한 그들의 변명 중에는 저축목표의 부재, 손쉬운 신용카드 사용, 기분이 좋아지고 싶어서, 권력을 느끼고 싶어서 등이 있었고 특정 수준의 생활방식을 유지하고 싶어서, 특정한 이미지를 유지하고 싶어서도 포함되어 있었다. 전반적으로 소비와 즉각적인 만족감을 추구하는 문화가 너무도 팽배해 있어서 우리의 특권의식이 기본적인 산수능력까지 말살시켜버린다.

과소비 성향이 보다 위험한 영역으로 접어들면서 심각한 쇼핑중독 혹은 충동구매 장애로까지 이어지는 경우가 있는데, "물건을 사는 행위에 집착을 보이고 그 행위가 부정적인 결과를 초래하는 상태"라고 말할 수 있다. 그로 인한 부정적인 결과로는 죄책감에서부터 집 안에 지나치게 많은 물건이 쌓이는 것, 결혼생활의 분란, 신용카드 부채, 재

23 미국의 금융보험 회사
24 미국의 여론 조사 회사

정 파탄, 압류, 파산에 이르는 극단적인 경우도 있다.

지속적으로 예산을 초과하여 지출하는 것과 더불어 심각한 문제임을 알리는 지표로는 계획한 것보다 많은 물건을 충동적으로 구매하는 습관을 들 수 있다. 쇼핑을 위한 쇼핑을 한다든가, 배우자 혹은 다른 중요한 사람들에게 구매 사실을 숨긴다든가, 죄책감으로 자주 환불을 한다든가, 과소비로 인한 부정적인 결과, 이를테면 대금을 결제하지 못한다든가, 부채가 쌓여간다든가, 스트레스나 슬픔을 상쇄하기 위해 물건을 산다든가, 자신의 쇼핑습관으로 인해 배우자와 중요한 다른 사람들과 다툰다든가, 대부분의 물건을 신용카드로 구매한다든가, 쇼핑을 하면서 일종의 '희열'을 느낀다든가, 흥청망청 쓰고 나서 죄책감이나 수치심을 느낀다든가, 지출한 비용에 대해 거짓말을 한다든가, 구매를 정당화한다든가(세일이었다고), 지출한 비용을 막으려고 계좌와 신용카드로 돌려막기를 하느라 시간을 보내는 등의 행위를 들 수 있겠다.

스탠퍼드 대학 의대에서 발표한 2006년도 조사에 따르면, 대략 미국인의 6퍼센트만이, 앞서 언급한 것 중 네 가지 혹은 다섯 가지에 해당되어 실제로 '쇼핑중독' 판정을 받았다고 한다. 그러나 앞서 언급한 라스무센의 조사에 의하면 충동구매와 과소비가 문제가 되는 경우는 6퍼센트 이상이다. 어떤 스펙트럼에 맞아떨어지는지에 상관없이, 쇼핑중독, 과소비, 경제적 스트레스 혹은 신용카드 빚에 허덕이는 사람들이 가장 먼저 취해야 할 조치는 문제가 있다는 사실을 직시하고, 결코 버는 것보다 많이 써서는 안 된다는 사실을 깨닫는 것이다. 실수를 인정하지 않으면 아무것도 개선되지 않는다.

쇼핑
그리고 수많은 거짓말

자신의 소비습관에 스스로 책임지는 것이 근본적인 해결책인 것은 사실이지만, 우리 사회와 문화가 무분별한 소비를 찬양하고 즉각적인 만족감을 조장한다는 것도 상당히 큰 문제라는 사실 또한 인지해야 한다. 우리는 어느 순간부터 필요하지도 않은 물건에 돈을 쓰는 사람이 되었다. 단지 따분하다는 이유만으로. 쇼핑은 반드시 필요한 경우 목적을 달성하기 위한 수단이라기보다는 그저 시간을 보내는 하나의 방편이 되었다. 우리는 싸게 나온 물건을 알아보는 능력에 자부심을 갖고 마치 챔피언이라도 되는 양 창고 정리 세일 코너의 선반을 헤집는다. 특별히 찾는 물건이 없을 때조차도. 토요일 아침을 '단 하루 세일'(지난주에도 그런 세일을 하지 않았나?) 행사에 가서 보내는 게 가장 즐거운 취미생활이 되었고, 창고 세일이나 중고품 가게에서 보물을 찾는 것은 일종의 스포츠가 되었다. 잘 산 거라고 스스로에게 말한다. "그래봐야 겨우 몇 달러인데 뭐. 더구나 재미도 있잖아."

이런 상황은 결코 우연이 아니다. 업체들과 광고회사는 세일 사냥 혹은 특별한 이유 없이 물건을 사는 행위가 아주 훌륭한 여가생활이라는 개념을 주입한다. 심지어는 10달러짜리 토스터와 200달러짜리 평면 TV를 살 기회를 잡기 위해 전투를 치르려고 추수감사절 식사에서 황급히 빠져나가는 것조차 용납될 정도로. 집에 멀쩡한 토스터와 TV가 있는데도 말이다. 단지 소비를 좀 더 부추기기 위해 소비자의 행태를 분석하는 조사에만 대놓고 수백만 달러가 지출되고 있는 현실이다. 거기에는 과도한 소비를 조장하는 '폭탄 세일'에서부터 각종 거짓 과장 광고, 엄청난 크기의 특대형 카트와 쇼핑백의 구비, 가장 좋은 자리에 가장 이윤이 많이 남는 제품을 진열하는 등 전략적으로 설계된 상가, 의도적으로 어렵게 만든 환불 정책, 실제로는 그렇지 않은데도 소비자의 눈에 횡재인 것처럼 보이게 만드는 전략, 충동구매의 이점을 노리는 것에 이르기까지 다양한 방식이 사용되고 있다. 우리가 실제로 그 물건을 살 여력이 있는지 없는지는 결코 문제가 되지 않는다. 신용카드, 예약구입제도[25]를 비롯한 다양한 지불 방식이 마련되어 있다.

쇼핑에 관한 신화가 너무도 팽배해 있어서 실제로 쇼핑을 좋아하지 않는 여자는 뭔가 문제가 있는 것처럼 느껴질 정도이다. 홀마크 매장의 카드 코너에서 생일 카드를 고르다가 여자를 쇼핑과 연관 지어 표현하는 경우가 얼마나 많은지 깨닫고 놀란 적이 있는가? 우리는 본질적으로 파괴적인 행위를 정당화하는 온갖 슬로건, 구호, 주문에 둘러싸여 있다. "쓰러질 때까지 쇼핑하라! 발에 맞는 신발을 찾으면 모든 색상을 다 구입하라! 결제하라! 쇼핑은 나의 심장! 크리스마스까지 쇼핑할 날이 며칠밖에 안 남았어! 세일이잖아! 이건 단순한 쇼핑이 아니야. 이건 쇼핑 치료라고. 난 쇼핑이나 해야지! 마지막 창고 대 방출!" 주문은 계속 이어진다.

일단 과소비가 문제임을 인정하고 나서 재정적 건강을 위해 취해야

25 상품 값을 일부만 내고 예약을 한 뒤 잔액 완불 후 상품을 수령하는 방식

할 두 번째 중요한 덕목은 무분별한 소비로 인한 악순환의 고리를 끊는 것이다. 목적 없이 쇼핑하는 것은 즐겁고 순수한 여가활동이 아니다. 그것은 우리의 돈을 탕진하고, 엄청난 빚을 지게 만들고, 우리 삶을 필요하지도 않은 잡동사니로 채우는 파괴적인 행위이다. 쇼핑 치료는 하나의 미신일 뿐이며, 소매업자들과 신용카드 회사들이 소비자가 믿어주기를 바라며 만들어낸 흉측하고 악랄한 거짓말이다. 섬뜩한 진실을 말하자면, 어렵게 번 돈을 필요하지도 않는 옷과 구두와 각종 가전제품, 액세서리에 탕진하는 것은 치료와 정확히 반대되는 개념이다! 하루가 끝날 무렵, 쇼핑 치료는 결국 또 하나의 스트레스와 두통을 유발할 뿐이다.

자산관리는 중요하다

가진 것이 많건 적건, 과소비와 무분별한 쇼핑은 파괴적인 습관이 될 수 있다. 무분별한 소비는 경제적으로 여유가 없거나 신용상태가 받쳐주지 못할 때 오히려 쉽게 다스려진다. 문제는 경제적으로 여유 있는 사람들, 자신들이 안정적인 중산층이라고 믿고 있는 사람들이다. 우리는 거짓말과 신화에 속아 스스로에게 이렇게 말한다. '맞아. 경제적으로 여유가 없는 사람들한테는 쇼핑이 위험할 수 있어. 하지만 나한텐 그럴 만한 여유가 있는걸. 게다가 재미도 있고. 지금까지 한 번도 카드대금이 연체된 적이 없잖아. 난 신용상태도 좋아. 그리고 내가 번 돈이잖아. 조금 쓰면서 누릴 자격이 있어. 내 돈이니까. 내가 원하는 걸 원하는 때 사면 안 되는 이유가 있나?'

이유가 있냐고? 기독교 신자로서 나는 돈을 쓰는 방식을 전혀 새로운 각도에서 보아야 한다는 결론에 도달했다. 언제 어디서 어떻게 돈을 써야 하는지에 관해서는 수많은 조언이 있지만 성경에도 나와 있다. 내가 가장 좋아하는 교훈은 황금 자루의 비유에 잘 나타나 있다.

> 어떤 사람이 여행을 떠나면서, 자기 종들을 불러서, 자기의 재산을 그들에게 맡겼다. 그는 각 사람의 능력에 따라, 한 사람에게는 다섯 달란트를 주고, 또 한 사람에게는 두 달란트를 주고, 또 다른 한 사람에게는 한 달란트를 주고 떠났다.
>
> 다섯 달란트를 받은 사람은 곧 가서, 그것으로 장사를 하여, 다섯 달란트를 더 벌었다. 두 달란트를 받은 사람도 그와 같이 하여, 두 달란트를 더 벌었다. 그러나 한 달란트 받은 사람은 가서, 땅을 파고, 주인의 돈을 숨겼다. 오랜 뒤에, 그 종들의 주인이 돌아와서, 그들과 셈을 하게 되었다.
>
> 다섯 달란트를 받은 사람은 다섯 달란트를 더 가지고 와서 말하기를 '주인님, 주인께서 다섯 달란트를 내게 맡기셨는데, 보십시오, 다섯 달란트를 더 벌었습니다' 하였다.
>
> 그의 주인이 그에게 말하였다. '잘했다! 착하고 신실한 종아. 네가 적은 일에 신실하였으니, 이제 내가 많은 일을 네게 맡기겠다. 와서, 주인과 함께 기쁨을 누려라.'
>
> 두 달란트를 받은 사람도 다가와서 '주인님, 주인님께서 두 달란트를 내게 맡기셨는데, 보십시오, 두 달란트를 더 벌었습니다' 하고 말하였다.

그의 주인이 그에게 말하였다. '잘했다, 착하고 신실한 종아! 네가 적은 일에 신실하였으니, 이제 내가 많은 일을 네게 맡기겠다. 와서, 주인과 함께 기쁨을 누려라.'
그러나 한 달란트를 받은 사람은 다가와서 말하였다. '주인님, 나는, 주인이 굳은 분이시라, 심지 않은 데서 거두시고, 뿌리지 않은 데서 모으시는 줄로 알고, 무서워하여 물러가서, 그 달란트를 땅에 숨겨 두었습니다. 보십시오, 여기에 그 돈이 있으니, 받으십시오.'
그러자 그의 주인이 그에게 말하였다. '악하고 게으른 종아, 너는 내가 심지 않은 데서 거두고, 뿌리지 않은 데서 모으는 줄 알았다. 그렇다면, 너는 내 돈을 돈놀이하는 사람에게 맡겼어야 했다. 그랬더라면, 내가 와서, 내 돈에 이자를 붙여 받았을 것이다. 그에게서 그 한 달란트를 빼앗아서, 열 달란트 가진 사람에게 주어라. 가진 사람에게는 더 주어서 넘치게 하고, 갖지 못한 사람에게서는 있는 것마저 빼앗을 것이다. 이 쓸모없는 종을 바깥 어두운 데로 내쫓아라. 거기서 슬피 울며 이를 가는 일이 있을 것이다.'

마태복음 25장 14절-30절

이 단순한 우화에는 자산을 잘 관리하는 것의 중요성에 관해 우리가 알아야 할 모든 것이 담겨 있다. 돈을 어떻게 쓰는가는 아주 중요한 문제다. 우리는 지혜롭게 돈을 써야 하는 것은 물론이고, 얼마를 가졌건 상관없이, 주어진 재물의 훌륭한 관리자가 되라는 소명을 받았다. 우리 돈은 우리만의 것이 아니다.

황금 자루의 우화 속에서 주인은 하인들이 그의 돈을 꿍치거나 허비하기를 바라지 않았다. 계산된 위험을 감수하면서 재산을 불릴 투자를 하고 지혜롭게 사용하기를 바랐다. 하인들이 성실하게 일하기를, 보다 큰 보상을 위해 당장의 만족을 유예하기를 바랐다. 그는 하인들에게 능력에 따라 제각기 다른 양의 금을 주었지만 어쨌든 모두에게 무언가를 주었다. 주인은 그 돈으로 훌륭한 판단을 내릴 잠재력이 그들 모두에게 있다는 것을 알고 있었고 금 한 달란트를 받은 하인이 돈을 지혜롭게 사용하지 못해서가 아니라 지혜롭게 사용할 '생각조차' 하지 않았기 때문에 화가 났다.

누가복음 16장 10절에서 12절에 의하면, "지극히 작은 일에 충실한 사람은 큰 일에도 충실하고, 지극히 작은 일에 불의한 사람은 큰 일에도 불의하다. 너희가 불의한 재물에 충실하지 못하였으면, 누가 너희에게 참된 것을 맡기겠느냐? 또 너희가 남의 것에 충실하지 못하였으면, 누가 너희에게 너희의 몫인들 내주겠느냐?"라고 말하고 있다.

축복에는 책임이 따르게 마련이다. 이미 언급했듯이 단지 교육과 의료시설과 운송시설이 구비된 나라에 태어나 전기와 난방과 수도시설이 구비된 집에서 사는 것만으로, 수입에 상관없이, 우리는 전 세계 인구 중 최상위층에 속한다. 우리가 원할 때 원하는 물건을 전부 다 사는 것, 신용카드로 감당 못 할 양의 물건을 사는 것, 단지 그래야 할 것 같아서 주변 사람들을 따라잡으려 애쓰는 것은 충실하고 훌륭한 관리자로서 할 일이 아니다. 당신에게 주어진 자원들을 당신의 능력을 최상으로 발휘하는 데 쓰고 있는가? 세속의 부를 지혜와 안목으로 다루고 있는가? 당신은 당신의 능력과 재물을 맡기기에 충분한 믿을 만한 관리자인가?

지출 동결의 달을 정하라

내가 블로그에 글을 쓰기 시작한 이유는 돈에 관해 뭘 아는 사람이어서도 아니었고, 검증된 지식을 세상에 알리고자 하는 경제 전문가여서도 아니었다. 사실 나는 그런 것과는 거리가 멀었다. 나의 소비가 통제 불능의 상태로 치달았고 나의 결혼생활이 이혼과 재정 파탄의 위기에 직면했기 때문이었다. 나의 결혼생활, 나의 가족 그리고 나 자신을 지키기 위해 블로그를 시작했다. 처음에 목표는 단순히 내가 사고 싶은 것을 계속 살 수 있도록 예산을 확보하는 것이었다. 사고 싶은 게 너무 많았다. 나는 식료품과 옷 그리고 기타 생활용품을 최저가로 할인받아 사는 방법을 알아내는 데 능해졌다. 심지어 도가 텄다. 그러나 여전히 모으기보다는 '쓰고' 있었다.

지출 동결을 시도해보자고 먼저 제안한 사람은 남편 척이었다. 얼마 전에 남편은 앤스로폴로지에서 구매한 옷이 들어 있는 쇼핑백을 자동차 뒷좌석에서 발견했다. 거기서 쇼핑을 해본 적이 있는 사람들은 그 브랜드 옷이 좀 비싸다는 걸 알 것이다. 하지만 '검소한' 쇼핑을 즐기는 사람으로서 나는 곧장 세일 코너로 가서 예쁜 탑 네 개를 찾아냈고 '75퍼센트 할인'이라는 엄청난 가격이었기 때문에 사지 않고는 못 배겼다. 그렇다, 75퍼센트 할인! 앤스로폴로지에서! 친구들이여, 이런 식의 할인은 날이면 날마다 있는 게 아니다! 이건 문자 그대로 생각할 필요조차 없는 일이었다. 당연히 나는 그것들을 사야만 했다. 놀라운 가격이었다. 횡재였다! 나는 문자 그대로 수백 달러를 절약하고 있는 셈이었다. 그렇지 않은가?

그런데 척의 생각은 좀 달랐다. 그는 그다지 다정하지 않은 목소리로, 실제로 내가 전혀 절약한 게 아니라고 지적했다. 나는 이미 꽉 차 있는 옷장을 더 채우려고 150달러를 지출한 것이었다. 나는 원통한 마음으로 한 달간의 지출 동결에 합의했다.

솔직히, 내가 과연 해낼 수 있을지 자신이 없었다. 31일 동안 돈을 한 푼도 쓰지 않는다고? 고급스러운 라테도, 외식도, 쇼핑도 안 된다고? 심지어 문구점조차도? 암울한 전망이었지만 우리의 규칙은 단순했다. 한 달 동안 모든 불필요한 지출을 차단하자는 것이었다. 각종 공과금은 낼 수 있었다. 음식이나 빵, 야채처럼 상하기 쉬운 음식들도 살 수 있었다. 그 외의 모든 것은 접근 금지였다.

지출 동결의 달이 우리 가족에게 얼마나 큰 영향을 미칠지 나는 결코 예상하지 못했다. 살면서 내가 했던 일 중 최고의 일이었고 이건 결코 과장이 아니다. 우리의 목표는 저축을 하는 것이었고, 30일 만에 100달러가 조금 넘는 돈을 모을 수 있었다. 그러나 그 경험을 통해 우리가 얻은 깨달음은 그 액수보다 훨씬 더 컸다.

거짓말은 하지 않겠다. 지출 동결을 시도한 첫 달에는 힘겨운 순간의 연속이었다. 사흘이 지나자 아이스크림을 미리 쟁여두는 안목이 부족했던 나 자신이 정말 미웠다. 속임수이긴 하지만, 그렇게 반 달 정도가 지났을 때 스타벅스 선물카드 하나만 받을 수 있다면 영혼이라도 내어줄 수 있을 것 같은 기분이었다.

아무렇게나 때우는, 혹은 내가 아이들에게 표현한 대로 창의적인 식사를 한 적도 여러 번이었고, 그 음식들을 씹어 넘기면서 가장 좋아하는 레스토랑에서 가장 좋아하는 음식을 먹던 날을 그리워했다. 딸들은 다시 골든 코럴에 있는 뷔페에 갈 수 있는 날을 손꼽아 기다렸다. (그렇다, 우리는 즐길 줄 아는 사람들이었다!)

그럼에도 불구하고 지출 동결의 달을 통해 삶을 다른 각도로 보게 되었다. 새로운 것을 사들이기보다는 이미 우리 앞에 놓여 있는 것들에 주목하게 되었다. 끊임없이 우리의 관심을 끄는 모든 행사와 초대를 거절할 확고한 근거가 생겼다. 가족들과 더 많은 시간을 보냈고, 덜 싸웠고, 더 많은 것을 나누었고, 보다 창의적이 되었다. 우리는 찬장과 냉동실 안에 묵히고 있던 것들을 먹어치웠고, 지금까지 피해왔던 돈 이야기를 나누었다. 아이들에게도 훌륭한 교훈이었다. 어느 날 아침, 그 달의 반 정도가 지나갔을 때, 나는 큰딸이 작은딸에게 캔디 볼을 채울 사탕을 더 이상 살 수 없다고, 왜냐하면 사탕은 우리가 '원하는' 것이지 '필요한' 것은 아니라고 설명하는 것을 들었다. 그제야 나는 아이들이 뭔가를 배웠음을 알았다.

마음 같아선 그 뒤로 진정한 재정 전문가로 거듭날 수 있었다고 말하고 싶지만 내 마음속 일부는 언제나 쇼핑중독이라는 것을 알고 있다. 나는 끊임없이 돈과 관련한 한심한 유혹에 시달리고 있고 얼마 전 타깃에 다녀왔을 때에도 이 장의 앞부분에서 묘사한 것과 상황이 크게 다르지 않았다. 몇 가지 꼭 필요한 것만 사려고 그곳에 갔지만 예전처럼 차 뒷좌석에 땡땡이 무늬 쇼핑백을 가득 싣고 돌아왔다. 집 안에 들어서는 순간 내 얼굴에 죄책감이 서렸고 남편은 고개를 저으며 한 팔로 나를 안고 웃었다. "여보, 당신 타깃에 가면 안 되는 거 몰라?"

한번 '지출 모드'에 돌입하면 멈추어야 하는데도 멈추기가 어렵다.

이런 상황이 되었을 때 최선의 방법은 또 한 달을 지출 동결의 달로 정하는 것이다. 그것은 마치 나의 두뇌에 리셋 버튼을 누르는 것과 같다. 다행히 그런 순간적인 일탈은 최근에 아주 드물게 일어나서 그저 웃고 넘어갈 수 있는 정도라, 과하다 싶은 것은 환불하고 잊어버린다.

소비자 중심의 문화 속에서 계속 돈을 쓰라는 압박, 심지어 재정 상태에 종말을 고할 지경에 이르도록 종용하는 압박은 너무도 거세다. 신형 아이폰을 갖고 있지 않으면, 대형 평면 TV를 갖고 있지 않으면, 가장 멋진 미니밴을 갖고 있지 않으면, 심지어 앤스로폴로지의 신상품을 입고 있지 않으면 뭔가 중요한 것을 놓치고 있다는 암시가 빗발친다. 그러나 실제로 그런 것들은 우리에게 행복을 가져다주지 않는다. 필요한 것 이상을 사들여봐야 불만을 키울 뿐이다. 그런 거짓말에 속지 말기를. 한 달을 멈추어보아라. 당신의 인생이 달라질 것이다.

도전 과제

지출을 동결하라

최소한의 생필품 외에는 아무것도 사지 않는 지출 동결의 달을 정하라. 새 옷, 새 물건, 가전제품, 문구용품 같은 것들을 사지 말고 무엇보다도 외식을 중단하라. 외출하지 말고 집에 있어라. 최소한의 식료품만 사고 대신 오랫동안 찬장과 냉동실에 쟁여놓았던 것들을 먼저 먹어라. 목표는 한 달 동안 현재 가지고 있는 것만 쓰는 것이다.

여덟 번째

단계

저축은
마음의
상태이다

돈을 두 배로 불리는 가장 쉬운 방법은 반으로 접어서 주머니에 넣는 것이다.

윌 로저스

인간은 자신이 사지 않을 수 있는 물건의 숫자와 비례하여 부유하다.

헨리 데이비드 소로우

선한 사람의 유산은 자손 대대로 이어지지만, 죄인의 재산은 의인에게 주려고 쌓은 것이다.

잠언 13장 22절

500
10000
5000
10
1000
100
10000
1000
500
50
10000
1000
100
100
10000

어떤 사람이 쇼핑을 하려고 태어났다면 어떤 사람은 동전 한 닢까지 알뜰히 모은다. 이미 여러분도 눈치챘겠지만 내가 어느 부류에 속하는지는 의문의 여지가 없다. 아주 어렸을 때부터 마치 주머니에 구멍이라도 뚫린 것처럼 내 돈은 줄줄 샜다. 용돈은 하루가 끝날 무렵 어디론가 사라져버렸고, 아기를 돌보거나, 정원 일을 하거나, 레몬에이드를 팔아 번 돈은 그 돈으로 무얼 할지 생각해보기도 전에 없어졌다. 손에 현금이 들어오는 순간 나는 자전거를 타고 동네 싸구려 잡화점으로 달려갔고, 눈에 띄는 물건은 전부 다 사고 싶었다. 때로는 문구였고, 때로는 장난감이었고, 때로는 사탕이었다. 무얼 샀는지는 결코 중요하지 않았다. 분명한 건 무엇이든 사야만 했다는 것이다.

내가 자랄 때 우리 집의 첫 번째이자 유일한 철칙은 돈 얘기를 하지 않는 것이었다. 절대로. 우리 집에 돈이 얼마나 있는지, 아니면 학교의 다른 아이들처럼 우리 집도 부자인지 물을 때마다 부모님의 유일한 대답은 "돈 얘긴 하는 게 아니야"였다. 내가 알기로 우리 집에는 충분한 정도 이상의 돈이 있었다. 청구서 대금은 제때 지불되었다. 식탁에는 먹을 것이 넘쳐났고, 옷장에는 옷이, 크리스마스에는 선물들이 쌓여 있었다. 멕시코나 하와이 같은 곳으로 가족여행을 다녔고 유럽에도 갔다. 일주일에 세 번 집 안을 청소해주는 가정부가 있었고 뒷마당에는 수영장과 테니스 코트가 있었다.

고등학교에 들어가서 부모님의 신용카드가 얼마나 편리한지 알게 되었다. 때로는 허락을 받았고 때로는 허락을 받지 않았다. 나는 무제한으로 물건을 샀다. 부모님은 내가 무얼 사는지 모르는 것 같았고 카드대금은 항상 제때 결제되었다. 나는 혼자 힘으로 돈을 벌고 싶어 안

달이 났고, 호텔을 청소하고, 딸기를 따고, 이웃집의 아이들을 전부 다 돌보며 열심히 일했지만 실제로 돈의 가치에 대한 개념은 거의 없었다. 대학에 진학하자 아빠는 내게 공동명의로 첫 신용카드를 발급해주었고, 하루 종일 일을 했는데도 첫 학기에 이미 최대한도를 사용했다. 아빠는, 그 일을 내게 교훈을 가르쳐줄 계기로 삼는 대신 한마디 말도 없이 카드대금을 지불해주었다. 당연히 아무것도 배우지 못했다. 나의 신용카드는 몇 달 뒤 다시 한도를 초과했다.

나는 쓸 수 있었기 때문에 썼다. 돈 쓰기는 쉬웠고 그게 내가 아는 것 전부였다. 첫 번째 카드로 쌓은 나의 신용도가 너무도 좋았기 때문에 아빠가 보증을 서지 않아도 여러 개의 신용카드를 발급받을 수 있었다. 대학 졸업반이 되었을 때 나는 불행한 결혼생활을 하고 있었고, 심각한 우울증을 앓고 있었고, 신용카드 청구서 속에 파묻혀 있었다. 결국 나의 세상은 무너지고 있었고, 끔찍한 재정상황이 나를 어두운 우울증의 세계로 몰아넣었다. 마침내 내가 회복되기 시작했을 때 나는 이혼했고, 빚더미에 올라앉았고, 완전히 혼자였다. 변호사는 파산 신청을 하는 것 말고는 선택의 여지가 없다고 말했다.

아무것도 가진 것 없이 새 출발을 하기가 두려웠지만 기회를 놓치지 않기로 결심했다. 나는 일자리를 구했고, 아파트를 얻었고, 모든 물건값을 현금으로 지불했다. 한동안은 은행 계좌조차 개설할 수 없었다. 얼마나 신용이 나빴는지 어떤 은행도 날 받아주지 않았다. 여전히 버는 돈을 전부 다 써버리면서, 내가 자급자족하고 있고 빚을 지지 않고 있다고 자위했다. 그것만으로도 성인이 된 이후 그 어느 때보다 큰 발전을 이룬 셈이었다.

필요에 의해 어쩔 수 없이 현금만 사용하는 검소한 생활을 하던 중에 척을 만났다. 그는 똑똑하고, 성공했으며, 내가 도저히 따라잡을 수 없을 정도로 이재에 밝았다. 그는 완벽한 저축인이었고, 돈에 관한 한 언제나 옳은 결정만 해온 사람이었다. 그는 로스 IRA[26]나 401K[27]에 가입하여 돈을 따로 모았고, 현명한 투자를 어떻게 해야 하는지도 알고 있었고, 아직도 내 머리를 빙글빙글 돌게 만드는 월스트리트 증권가의 전략들을 다 꿰고 있었다. 그는 평생을 열심히 일했고, 훌륭한 재정적 결정을 내리며 살았다.

갑자기 나는 더 이상 그렇게 조심하며 살 필요가 없게 되었다.

그 뒤로 어떤 일이 일어났는지 여러분은 이미 들었을 것이다. 나는 곧바로 과거의 쇼핑중독자로 돌아갔고 남편이 평생에 걸쳐 쌓아놓은 재정적 안정성을 갉아먹었다. 결국 나의 소비는 걷잡을 수 없는 지경이 되어 결혼생활을 위협하기에 이르렀고 결국 일정 금액의 생활비를 받으며 살기로 합의하면서 내가 책임질 수 있도록 '적게 쓰고 잘 사는 법'이라는 블로그를 시작했다.

초기 유일한 목표는 원하는 물건들을 살 수 있도록 예산을 확보하는 것이었다. 나는 여전히 갖고 싶은 것이 많았고 집으로 데려가 주기를 기다리는 예쁜 물건들은 사방에 널려 있었다. 식료품이나 옷, 그 외의 다른 생활용품을 할인받는 데 도가 텄지만 나는 여전히 쓰고 있었

26 Roth Individual Retirement Account, 개인 은퇴 계좌. 적립할 때는 혜택이 없으나 인출할 때 세금혜택을 받을 수 있는 제도

27 급여 소득자의 퇴직 적립금에 대한 특별 면제 조치 조항 혹은 퇴직 적립금 제도

고 저축을 하지 못했다.

그러나 그 과정에서 재미있는 일이 일어났다. 진정으로 검소한 생활방식을 추구할수록 '덜 원하게' 되었다. 문득 할인은 그다지 중요하지 않은 일이 되었다. 내가 필요하지도, 심지어는 원하지도 않는 물건에 빠져 허우적거리고 있다는 사실을 깨닫게 되었다. 단지 경제적 자유만이 아니라 진정한 의미의 '재정적 평화'를 갈망하고 추구하기 시작했다.

예산을 짜고, 저축을 하고, 현명한 재정적 판단을 내리고, 주어진 한도 내에서 생활을 꾸려가는 것은 무척 중요한 일이고 반드시 필요한 기술이다. 우리 삶의 그 어떤 요소도 돈만큼 모든 영역에 스며 있는 것은 없다. 돈은 우리가 하는 모든 일에 영향을 미친다. 오해 없기를. 물론 그러한 기술을 배우고 통달한다는 것은 어려운 일이다. 그러나 쓰지 못해 안달하며 투쟁을 하고 있는 우리에게, 훈련과 자제력이 부족한 우리에게, 저축은 단지 가계부의 올바른 항목에 금액을 기입하는 행위 이상의 의미가 있다.

사전에서는 평화를 "전쟁이나 투쟁이 없는 상태. 불안한 혹은 억압적인 생각 혹은 감정으로부터 자유로운 상태. 조화로운 인간관계. 만족"이라고 정의하고 있다.

따라서 재정적 평화란 "돈과 상호적으로 조화를 이룬 상태. 지출과 관련한 억압적 생각이나 감정으로부터 자유로운 상태. 조화로운 인간관계를 이루고 개인의 재정문제로 인하여 다툼이나 불화가 없는 상태. 현재 가지고 있는 것에 대한 만족"으로 정의될 수 있다. 재정적 평화란 은행 계좌의 숫자도, 완벽하게 균형 잡힌 가계부도 아니다. 그것은 마음의 상태다. 예쁜 물건으로는 우리의 망가지고 불만족스러운 마음을 결코 채울 수 없고, 지금 이 순간 현재 우리가 있는 곳과 우리가 가진 것에 만족하기 위해 노력한다면 이 세상이 줄 수 있는 그 무엇보다도 크고 즉각적인 부를 얻을 수 있다.

예산을 세워라

재정적 평화가 우리 마음의 변화와 간절한 바람을 통해 시작된다면, '재정적 자유'는 현실적인 예산을 세우고 실천하는 것에서 시작된다. 우리가 너무 많은 돈을 써왔다는 사실을 깨닫는 순간 예산을 세운다는 것은 너무도 두려운 일처럼 느껴진다. 자신의 현재 재정 상태를 정직하게 들여다본다는 것은 대다수의 사람들에게 생각만 해도 식은땀이 나는 일이다. 최근 발표된 갤럽의 조사에 의하면, 단 32퍼센트의 미국인이, 그러니까 3분의 1 정도가, 매달 상세한 가계부를 작성하고 있고, 단 24퍼센트만이 장기적인 경제계획을 세우고 있다고 답했다. 실제로 돈을 얼마나 쓰고 있는지 모를 때 그리고 우리가 벌어들이는 수입의 어느 정도가 적절한 수준인지 모를 때, 불필요한 지출을 정당화하기가 훨씬 쉽다. 우리는 모르는 게 약이라고 스스로를 타이른다. 그것 역시 또 하나의 그럴듯한 거짓말이다.

예산을 세우고 실천하는 것은 무척 두렵고 주눅이 드는 일이지만 실제로는 재정 상태에 대한 선명한 그림이 없는 게 훨씬 더 두려운 일이다. 다음 달 청구서를 결제할 수 있을지, 대출금을 상환할 돈이 있는지 확신할 수 없는 데서 오는 스트레스는 자신에게 정직한 몇 시간보다 훨씬 더 끔찍하다. 당신의 재정 상태가 얼마나 엉망이건, 미래를 위해 계획을 세우는 편이 모래 속에 머리를 파묻는 것보다 낫다. 경험을 해본 사람으로서 조언하자면, 두려움을 직면하는 것은 지금껏 해왔던 그 어떤 일보다 당신을 자유롭게 할 것이다. 처음 예산을 세우는 순간, 어깨를 짓누르던 짐을 내려놓은 것 같은 기분이 들 것이다.

예산을 세우는 방식은 당신이 선택할 수 있다. 데이브 램지[28]의 재정 평화 학교 강의[29]를 들으면서 남편과 나는 데이브의 월별 현금 흐름 계획표를 사용하기 시작했다. 계획표는 데이브 램지 닷컴DaveRamsey.com에서 무료로 내려받을 수 있다. 데이브 램지의 사이트에서 간편 가계부도 제공하고 있는데 어디서 시작해야 할지 모르는 사람들에게 좋은 출발점이 될 것이다. 재정 평화 학교와 데이브 램지의 저서 《절박할 때 시작하는 돈 관리 비법》은 예산을 짜고 부채에서 벗어나는 훌륭한 정보를 제공한다. 이 두 가지는 아무리 추천해도 모자라다. 그 외에 온라인 프로그램을 포함한 예산 관리 방법으로는 유 니드 어 버짓 닷컴YouNeedaBudget.com이나 민트 닷컴Mint.com 등이 있다. 나의 블로그에서도 출력 가능한 예산 관리 워크시트를 무료로 제공한다.

28 라디오 진행자이자 베스트셀러 작가이며 강연 연설가이자 부동산 투자 회사의 CEO를 맡고 있는 미국의 재정 전문가

29 데이브 램지가 자신의 경험을 바탕으로 온라인, 오프라인을 통해 운영하고 있는 9주짜리 재정관리 프로그램

어떤 방식을 사용하건 절차는 똑같다. 당신이 결혼했다면 반드시 두 사람이 함께해야 한다. 예산을 세우는 과정에 두 사람 모두가 적극적으로 참여하지 않으면 결코 계획대로 진행될 수가 없다. 첫 단계는 수입을 파악하는 것이다. 알려지지 않은 소득원(그런 게 있다면 얼마나 좋을까?)으로부터 들어오는 수상한 수입이 없는 경우에는 아주 간단할 것이다. 정기적으로 들어오는 월급 외에 임대 수익, 투자 수익, 가능하다면 자녀 양육비까지 포함시켜라. 수입이 불규칙하다면 몇 가지 대안이 있다. 월평균 수입에 맞추어 예산을 짜거나 가장 수입이 적은 달에 기초하여 예산을 짜고 다른 달의 초과 수입 분은 저축으로 넘겨라.

두 번째 단계는 모든 고정 비용을 파악하는 것이다. 원하건 원하지 않건 매달 지불해야만 하는 금액이 있을 것이다. 이를테면 대출금이라든가 집세, 자동차 할부금, 보험료 그리고 가스, 전기, 수도, 쓰레기 수거비, 전화, 인터넷, 케이블 TV 시청료 같은 생활비가 포함된다. 계좌나 청구서를 보고 실제로 내고 있는 액수를 정확히 파악하고 하나도 빠뜨리지 마라. 기부금, 보험, 저축처럼 매달 떼어놓아야 하는 것도 포함시켜라. 먼저 그 돈을 떼어놓지 않으면 말일에는 돈이 남아 있지 않을 확률이 높기 때문이다. 마지막으로 고정 비용의 총계를 내고 그 액수를 수입에서 빼라. 그렇게 해서 남는 돈이 바로 다양한 비용을 해결해야 하는 금액이다.

세 번째 단계는, 모든 가변 비용들을 생각해보고 각각의 항목에 얼마를 할애할 수 있는지 파악해보는 것이다. 가변 비용에는 식비와 가스 사용료, 오락비, 옷, 차량, 집수리, 외식비 등 모든 기타 비용이 포함된다.

남편과 나는 각자 다른 종이에 지출해도 된다고 생각하는 항목들을 전부 적어보았고 그 방식은 상당히 도움이 되었다. 각각의 항목에 얼마를 쓸 수 있다고 생각하는지도 적었다. 그 비용을 합산하는 순간 얼마를 줄여야 하는지도 알게 되었다. 한 달 생활비가 정해져 있기 때문에 우리는 다시 돌아가서 가변 비용이 실제로 우리가 쓸 수 있는 금액과 일치할 때까지 무엇을 빼고 무엇을 줄일지 의논했다.

생필품에서 줄여라

예산을 파악하고, 지출을 추적하고, 정확히 얼마를 지출해야 하는지 결정하고 나면 어디서든, 어떻게든 아껴야 한다는 깨달음에 이르게 된다. 대부분의 지출은 대략 두 개의 범주로 나뉜다. 지출을 '해야만' 하는 항목과 '지출하고 싶은' 항목. 예산이 빠듯할 때 가장 먼저 삭감해야 하는 부분은 당연히 필요한 것이 아니라 원하는 것이겠지만, 생필품 비용을 줄여 즐길 수 있는 여유를 갖는 것도 분명 멋진 일이다.

돈을 쓰는 것에 관해 가장 염두에 두어야 할 사실이 있다면 바로 이것이다. '모든 가격은 협상이 가능하다.'

우리는 다양한 회사가 서로 경쟁하는 나라에서 살고 있다. 한 회사가 너무 비대해지거나 강력해지는 것을 막기 위한 독점 금지법도 있다. 이것은 회사 입장에서 우리가 모르기를 바라는 진실이다. 그들은 당신이 집이나 차를 구입할 때 비용을 대주고, 보험을 제공하는 것이

호의를 베푸는 것이라고 믿기를 원한다. 그렇게 믿으면 당신은 그 사람들이 내라는 돈을 무조건 낼 테니까. 당신의 무지가 그들에게 더 큰 이윤을 가져다준다는 것을 그들은 알고 있고, 그래서 그들은 할 수 있는 한 계속 거짓말을 한다. 그러나 실제로는 그들에게야말로 당신이 필요하다. 만약 그 회사가 기꺼이 협상에 응하지 않으면 다른 회사들이 나설 것이다. 아는 게 힘이다. 당신이 알고 있는 지식을 당신에게 유리하게 활용하라.

주거비용을 아끼고 싶다면 여러 가지 요소를 고려해야 할 것이다. 자가 소유 주택인가? 아니면 임대인가? 학교 문제를 고려할 아이들이 있는가? 통근 거리는 어느 정도인가? 집을 보수하거나 유지하는 비용은 어느 정도인가? 개개인의 상황에 따라 어떻게 대처할지 결정해야 하겠지만, 일반적으로 여러분의 목표는 주거비용에 최소한의 돈을 쓰는 것이어야 한다. 집을 임대하고 있는 사람들이라면 계약조건을 바꾼다거나 새 룸메이트를 찾아야 할 수도 있다. 반면 주택 소유자라면 대출 조건을 재정비하거나 보다 높은 소득을 얻을 수 있는 방법을 세입자와 협의해보아야 할 것이다. 집이나 아파트의 규모를 적절한 수준으로 줄이는 것도 과감하지만 때로는 반드시 필요한 조처이다.

우리가 삼켜야 할 또 하나의 쓴 약은 교통비를 최소화하는 것이다. 데이브 램지의 라디오 쇼를 들어본 사람이라면 부채에서 벗어나려 애쓰는 사람들에게 그가 주는 첫 번째 조언이 "차를 팔아라!"임을 알고 있을 것이다. 데이브 램지는 생활고에 시달리는 사람이 형편에 맞지 않는 신형 자동차를 몰고 다니는 게 얼마나 어리석은지 자주 지적한다. 누구나 멋진 차를 타고 시내를 질주하고 싶어 한다. 하지만 그로 인해 치러야 하는 대가는 어떻게 할 것인가? 더구나 유리 뒤의 당신을 누가 보겠는가? 친구들이나 이웃들에게 멋지게 보이는 것이 수천 달러의 빚더미에 올라앉을 만큼 가치 있는 일인가? 자동차 할부금은 당신 삶의 일부가 될 필요가 없을 뿐 아니라 그래서도 안 된다. 당신의 재정 상태에 문제가 있다면, 가장 먼저 시정해야 할 일은 현금으로 살 수 있는 차로 바꾸거나, 필요하다면 가족의 차량을 한 대로 줄이는 것이다. 오래된 차의 이점은 낮은 보험료이지만 1년에 차량 수리비로 최소한 1,000달러가 든다는 것도 명심하라. 수리비가 큰 액수라고 느껴진다면 그 금액 혹은 그 이상의 금액을 새 차 구입에 필요한 이자와 보험료를 통해 절감하고 있다는 사실을 상기하라.

세 번째로 액수가 크고 필요한 비용이지만 상당히 줄일 수 있는 항목이 바로 보험료이다. 주택 보험, 자동차 보험, 건강 보험, 생명 보험에 이르기까지 협상의 여지는 얼마든지 있다. 적정 금액을 산출하려면 조사와 수많은 전화통화를 감수하는 성실함 그리고 의지가 요구되지만, 그렇게 해서 매달 수백 달러를 절약할 수 있다.

각종 공과금, 주유비와 식비는 고정 비용이다. 다행히 그런 것들도 줄일 수가 있다. 다음 장에서 식비를 반으로 줄일 수 있는 구체적인 방법에 대해 이야기하겠지만, 이런 생활비를 줄이려면 아무 생각 없이 소비하던 것들에 대해 보다 조심하고 의식해야 한다. 그것은 전기료와 가스요금을 줄이기 위해 불을 끄고, 에어컨의 적정온도를 높이고, 히터를 내리는 것을 의미한다. 의식적으로 물을 아끼고, 케이블 TV나 유선전화를 없애고, 휴대전화 요금제를 낮추는 것을 의미한다. 나아가서 돌아다니는 것을 줄이고, 카풀을 이용하고, 주유비를 줄이기 위해 대중교통을 이용하는 것을 의미한다.

우리의 지출은 거의 대부분 자동비행 상태로 일어나기 때문에, 심지어 우리에게 필요한 것들조차도, 비용절감의 여지가 얼마나 많은지 알고 나면 상당히 놀랄 것이다. 고정 비용을 좀 더 깊이 들여다보라. 놀라운 광경을 보게 될 것이다.

재미로 하는 쇼핑을 줄여라

저녁 8시 45분. 아웃렛 상가. 이제 곧 문을 닫는다. 오늘의 목표? 아이들에게 새 신발을 사주는 것이다. 어쩌면, 어쩌면 내 부츠 한 켤레도 같이. 한 시간 가까이 돌아다녀서 아이들 신발은 샀지만 내가 꿈꾸는 부츠는 물량이 달리는가 보다. 조금 의욕을 상실한 상태로 노드스트롬 랙[30] 매장으로 들어가는데, 바로 거기 그 부츠가 있다. 내가 본 것 중 가장 아름다운 갈색 스웨이드 라이딩 부츠가 한 켤레 있고 우연히도 딱 내 사이즈다. 지난 몇 년 동안 이 부츠를 꿈꾸었지만 500달러라는 가격표가 매번 나를 흠칫하게 만들었다. 나는 보드라운 스웨이드를 어루만지면서 이미 가격대가 한도 밖임을 예감한다. 그리고 장난삼아, 한편으로는 나 자신을 고문하기 위해, 가격표를 뒤집어본다. 한번 보기나 해야지.

30 노드스트롬 사에서 운영하는 아웃렛

54달러 99센트.

나는 눈을 깜빡이며 다시 한 번 가격을 확인한다. 뭔가 착오가 있는 게 틀림없다. 이런 부츠는 세일품목에 들어가지도 않을뿐더러, 10분의 1 가격이라는 건 도무지 말이 되지 않는다. 주위를 둘러보고 내 눈을 의심한다. 바보가 아니고서야 이런 물건을 그냥 지나칠 수는 없다.

이 시나리오는 내 꿈에서만 일어난 일이지만 그동안 지나치기 아까운 물건을 만났던 경우는 너무 많아서 셀 수도 없다. 나는 싸게 나온 물건이라면 1마일 밖에서도 알아본다. 돈을 아끼는 것에 관해서라면, 보험료를 협상하거나 30년 상환 대출금의 이자를 줄이는 것보다 90퍼센트 할인가의 멋진 부츠를 찾는 게 훨씬 더 재미있다. 어쨌든 둘 다 엄청난 돈을 절약하는 일이다. 그렇지 않은가? 돈도 아끼고 멋지게 보이는 게 뭐가 잘못인가?

그 차이는, 대출금이나 보험금을 줄이는 것은 실제로 돈을 아끼는 것이고 내 주머니에 더 많은 돈이 남는 일인 반면, 파격적인 가격으로 멋진 부츠를 사는 것은 사실 돈을 쓰는 일이라는 데 있다. 나에게 여력이 없다면 얼마나 싼 가격인지는 중요하지 않다. 예산을 세우는 가장 중요한 이유는 재정 상태를 파악해서 정말 원할 때 즐길 수 있도록 하는 것이다. 돈을 어디에 쓸지 미리 정해둔다고 해서 모든 부수적인 지출을 없애야 하는 것은 아니다. 오히려 다른 재정적 목표를 달성하면서도 그런 지출을 할 수 있도록 계획을 세우는 것이다. 그래야만 완벽한 조건의 물건이 눈에 띄었을 때 죄책감 없이 그 물건을 낚아챌 수 있을 테니까.

만족의 지연이야말로 온갖 부수적인 지출을 막을 수 있는 유일하고도 최선의 방법이 아닐까. 나는 충동구매야말로 우리의 계획을 한순간에 무너뜨릴 수 있다는 사실을 어렵사리 터득했다. 모든 물건이 결국엔 세일에 들어간다. 싼값에 물건을 사는 것은 결국 인내심의 문제다. 만약 당신이 정말로 원하는 게 있다면, 그게 가족 휴가이건, 새 TV이건, 아니면 멋진 부츠 한 켤레이건, 주어진 예산 안에서 그 돈이 마련될 때까지 기다려라. 그리고 그다음에, 돈이 마련되면 그때부터 당신이 알고 있는 저렴한 상가들을 뒤져라. 그렇게 된다면 당신의 꿈의 시나리오는 이런 식이 될 것이다.

> 다행히 나는 이런 순간을 위해 75달러를 미리 떼어두었다. 아마 이 부츠가 바로 그 부츠인 것 같다. 나는 행복에 겨워 춤을 추고, 부츠값을 내고, 남은 돈으로 프라푸치노를 마시는 호사를 누린다. 집에 도착하자 쇼핑백을 들고 집 안으로 들어서며 당당하게 소리친다. "여보, 당신 내가 뭘 샀는지 알면 깜짝 놀랄걸!"

미래를 위해 저축하라

미래. 거대하고, 정의할 수 없고, 당장 오지 않고, 막연하고, 두려운 그것. 만약 당신이 나와 같다면 '미래'라는 이름을 가진 이 막연한 시간을 위해 저축을 한다는 게 아마도 가장 힘든 일일 것이다. 어찌 됐건, 음식, 옷, 휴가, 집 그리고 심지어는 부츠까지도 모두 눈앞의 현실이다. 그것들은 만질 수 있고 즉각적이다. 그런 것들을 위해 저축하는 것은 곧바로 우리에게 영향을 미친다. 반면 아직 먼 일들, 이를테면 은퇴라든가, 대학이라든가, 비상시를 대비하여 돈을 따로 떼어놓기란 훨씬 더 어렵다. 돈이 빠듯할 때는 더더욱. 큰 그림을 생각하는 것보다는 지금 이곳을 바라보기가 훨씬 쉽다. 그러나 지금 당장 현실적으로 느껴지건 그렇지 않건, 미래는 결국 닥치고 만다.

아마도 당신의 아이들은 나의 아이들처럼 아직 어릴 것이고, 대학은 먼 나라 얘기처럼 들릴 것이다. 아이들이 집을 떠나는 것은 물론이고 중학교에 진학하는 것조차 상상하기 어려울 것이다. 그러나 시간은 쏜살같이 흐르고, 그런 일은 없을 거라고 말하고 싶지만 아이들은 눈 깜짝할 새에 자란다. 대학등록금을 전부 다 대주긴 어렵겠지만 아이들이 대학에 진학할 때 보태줄 돈이 있으면 좋지 않을까?

20대 혹은 30대인 우리가 상상하기 어렵겠지만 은퇴는 그보다 더 두려운 일이다. 사회보장제도가 파산 직전이라는 무서운 통계를 듣고 있고 제도적으로 연금을 납부하고 있는 사람들에게 그 결실을 보장해 주는 그 어떤 장치도 없다는 얘기도 들려온다. 노후에 접어들었을 때 아무것도 가진 게 없는 위험을 감수하고 싶은가?

그리고 비상사태라는 것도 있다. 우리가 한 번도 생각해본 적 없는, 계획하지 않은, 돈이 많이 드는 상황들 말이다. 지붕에 물이 새서 고쳐야 한다든가, 냉장고가 작동하지 않는다든가, 곤경에 처한 친구를 돕기 위해 예정에 없던 비행기 여행을 해야 한다든가. 혹은 그보다 더 심각한 시나리오로는, 직장을 잃는다든가, 병에 걸린다든가, 자연재해를 겪는 것이다. 그런 일이 결코 일어나지 않기를 바라는 만큼, 그런 비극이 언제든 우리를 덮쳐올 수 있다는 사실 또한 알고 있다. 상황 자체만으로도 긴장이 되겠지만 그 돈을 어디서 구해야 할지 난감하다면 그건 더 끔찍할 것이다.

미래를 위해 돈을 모아두는 것은 호사가 아니다. 반드시 필요한 일이다. 모든 예산의 첫 번째 항목은 '저축'이어야 한다. 먼저 석 달에서 여섯 달 치 수입에 해당되는 돈을 준비하고, 그다음에는 자녀의 대학 진학과 은퇴에 대비해야 한다. 미래를 위해 돈을 떼어두는 것은 즐겁지도 멋지지도 않지만, 심지어 그렇게 하려면 다른 영역에서 허리띠를 졸라매야 할 수도 있겠지만, 내 말 믿기를. 마음의 평화는 뒤로 쓰러져도 받쳐줄 쿠션이 있을 때, 경제적 불확실성에 대비한 완충장치가 있을 때 오는 것이고, 따라서 당신이 치러야 할 단기적 희생은 충분히 가치 있는 일이다.

성 아우구스티누스[31]가 유명한 말을 남겼다. "모든 것이 신에게 달린 듯이 기도하라. 모든 것이 당신에게 달려 있다는 듯이 일하라." 예산을 세우고 가계를 정비하는 데 있어 이보다 더 적절한 말은 없다. 진정한 재정적 평화를 찾는 것은, 단언컨대 당신의 삶을 바꾸는 경험이다. 돈을 당신의 적이 아닌 '아군'으로 만드는 것만큼 당신에게 권력을 부여하는 일은 없다. 엄청난 노력과 절제, 무엇보다도 장기적인 이득을 위해 단기적인 만족감을 기꺼이 포기하려는 자세가 필요하다. 그것

31 초대 그리스도교 교회의 철학자이자 사상가

은 곧 계획을 세우고 당신이 이미 저지른 실수를 기꺼이 만회하려는 자세이다.

도전 과제

비상금을 확보하라

당신이 결혼했다면 남편과 마주 앉아 현재 재정상황을 정직하게 평가하는 시간을 가져라. 비난하거나 화내지 말고, 당신이 겪고 있는 고통에 대해 솔직하게 터놓고 얘기하라. 가족의 예산을 함께 세워라. 물론 말하기보다 실천하기가 훨씬 더 어려울 것이다. 경제적인 문제가 불화의 원인이라면 더 힘들 것이다. 남편과 나는 교회에서 주관하는 부부를 위한 재무 과정을 들었다. 그와 똑같은 코스로, 데이브 램지의 재정 평화 대학은 전 세계 어디에서나 들을 수 있다.

월 예산이 책정되어 있지 않다면, 예산을 짜는 데 시간을 투자하라. 먼저 수입을 파악하는 것으로 시작하라. 그다음에는 고정 지출을 파악하고 월 저축목표를 세워라. 마지막으로 기타 항목에 쓸 수 있는 돈이 얼마인지 확인하고 어디서 지출을 줄일지 함께 결정하라.

첫 달 예산을 만들고 나면 임대료나 주택 대출금, 자동차 할부금, 보험료, 각종 생활비를 줄이는 것으로 더 긴축하라. 마지막으로, 예산에 책정된 것만 사겠다고 다짐하라.

아홉 번째

단계

식비를
반으로
줄이는 방법

아낀 동전 한 닢은 번 동전 한 닢이다.

벤저민 프랭클린

당신에게 필요하지 않은 물건이라면

싸게 산 물건이라 하더라도 싸게 산 것이 아니다.

시드니 캐럴

부지런한 사람의 계획은 반드시 이득을 얻지만, 성급한 사람은 가난해질 뿐이다.

잠언 21장 5절

COOKIE
100

인정하자. 식료품은 비싸다. 최근 발표된 미 농무부의 통계에 따르면, 매일 집에서 식사를 할 경우, 식비로 가구당 월 553달러에서 1,259달러가 든다고 한다. 평균 임금은 별로 오르지 않았지만 식료품 값은 꾸준히 오르고 있다. 가족들의 식사를 준비해야 한다면 이러한 추세는 분명 위협이 아닐 수 없다!

지난 몇 년 동안, 쿠폰을 이용해 식비를 아끼는 법을 다룬 뉴스 프로그램이나 〈TLC의 최강 쿠폰 사용법〉 같은 TV쇼가 큰 인기를 끌었다. 그런 프로그램을 한 편이라도 보았다면, 쿠폰으로 엄청난 돈을 절약할 수 있음을 알았을 것이다. 문제는 이러한 절약 방식은 쿠폰을 오리고 최저가를 찾는 데 수많은 시간을 보내는 숙련된 쿠폰 사용자들에게나 해당되는 얘기란 것이다.

터놓고 얘기해서 정기적으로 그런 일을 할 시간을 낼 수 있는 사람이 얼마나 될까? 식비를 아끼려는 평범한 엄마 아빠들에게 한 번의 쇼핑을 위해 모든 시간과 에너지를 쏟아붓는다는 건 엄두도 나지 않을 뿐더러 비현실적인 일이다. 그러나 쿠폰을 오리지 않고도 식비를 반으로 줄일 수 있다. 단지 쇼핑 방식을 바꾸는 것만으로도 말이다.

세일을 노려라

식비를 아낄 수 있는 방법 중 거의 알려지지 않은 비법이 하나 있다. 식품 제조회사나 식료품 체인에서는 우리가 모르기를 바랄 것이다. 준비되었는가? 그것은 바로, 최강의 식비 절감은 쿠폰에서 오지 않는다는 것이다. 식비에서 큰돈을 아끼겠다고 극단적인 쿠폰 전문가가 될 필요도 없고, 건강에 좋지 않은 가공식품이나 정크 푸드로 카트를 채울 필요도 없다. 나아가서, 심지어 유기농이나 글루텐[32] 없는 음식들만 먹는다고 해도 식비를 절약할 수 있다. 당신이 어떤 사람이건, 어떤 유형의 음식을 선호하건, 한 가지 원칙만 지킨다면 돈을 아낄 수 있다. '세일을 노려라.'

식비 절약은 식품 매장의 세일에서 온다. 판촉행사가 많을수록 절약하는 액수도 커지기 때문에, 식비를 절약하는 첫 단계는, 가능하면 최대한, 세일가로 구매하는 것이다. 언제나, 언제나, 언제나, 최저가일 때 구매하라. 세일 중에는 평상시에 꿈쩍도 안 하는 가격이 30퍼센트에서 50퍼센트까지 할인된다.

인근 상가의 세일 광고전단을 통해 가격을 비교해보고 가격이 가장 저렴한 곳을 파악하라. 실제로 확인하기 전에는 어디가 최저가인지

32 밀가루 음식에 함유된 불용성 단백질 성분으로 일부 사람들에게 알레르기 반응을 일으키고 글루텐에 민감한 사람이 함유 식품을 먹으면 위와 장에서 완전히 흡수되지 않아 염증을 유발하는 것으로 알려짐

넘겨짚지 마라. 당신이 알게 된 사실에 놀랄 수도 있다. 전통 있는 식료품 체인은 대체로 가격대가 가장 높지만 세일 또한 가장 파격적이다. 특히 유명 브랜드 제품의 경우는 더욱 그렇다. 기본적이고 일반적인 식재료의 경우에는 알디, 세이브어랏, 트레이더 조, 혹은 월마트 같은 곳에서 유명 브랜드와 비슷한 품질의 제품을 상시 할인 가격으로 구비하고 있다. 그러나 할인 마트에서조차 수많은 품목을 높은 가격에 팔고 있다. 절약 비결은, 비록 어떤 마트에서 어떤 품목을 사야 하는지 모르더라도, 보는 순간 파격적인 가격을 알아볼 수 있도록 하는 것이다.

어떤 식료품이든 반드시 최저가에 사는 가장 좋은 방법은 구입할 모든 물건의 가장 저렴한 가격을 파악하기 위한 '최저가 목록'을 작성해 관리하는 것이다. 걱정 말기를. 듣기에는 무척 어려워 보여도 실제로는 그렇지 않다! 조그만 노트에 가격들을 적어놓아도 좋고, 디지털 데이터를 선호한다면 작은 스프레드시트를 하나 만들어도 좋다. 어떤 방식을 선택하건 최저가 목록에는 각 품목에서 당신이 찾아낸 최저가는 물론이고 당신이 사는 모든 종류의 식료품이 포함되어야 한다.

몇 주 동안 세일 가격에 관심을 기울이다 보면 식료품 코너를 둘러볼 때 최저가격이 저절로 떠올라서 놀랄 것이다. 같은 물건이 지난주에 반값이었다는 사실을 알게 되면 충동구매의 유혹은 한결 약해진다. 뿐만 아니라, 세일에도 하나의 패턴이 있다는 사실을 알게 된다. 식료품 코너의 거의 모든 제품이, 몇 가지 계절상품을 제외하면, 6주에서 8주 간격으로 세일에 들어간다. 다시 말해서 특정 품목이 지금 세일 중이라면 두 달 뒤 다시 세일을 한다는 뜻이다.

비축, 비축,
또 비축

세일 주기를 파악하는 것이 식비를 반으로 줄일 수 있는 두 번째 열쇠다. 만약 목표가 세일일 때만 혹은 최저가로만 구입하는 것이라면, 세일 기간 중 특정 품목을 다음 세일 기간까지 버틸 정도로 비축하는 방법을 알아야 한다. 중요한 것은, 대부분의 제품이 8주 간격으로 세일에 들어간다면, 세일 기간 중에 가족들이 버틸 수 있을 분량을 미리 사두는 것이다. 한 달 치만 사둔다면 다음번에 제값을 주고 살 수밖에 없다.

예를 들면, 아이들이 허니 너트 치리오 시리얼을 좋아해서 매일 아침 한 접시씩 먹는다고 치자. 그러면 매주 시리얼 두 통을 먹는 셈이다. 허니 너트 치리오의 정상가는 한 통에 4달러 5센트이고, 매주 마트에 갈 때마다 두 통을 사야 한다. 그런데 이번 주 허니 너트 치리오의 세일가는 평상시의 절반 가격인 1.99달러이다! 그렇다면 평상시처럼 두 통을 사는 대신 열두 통을 사두면 아이들이 가장 좋아하는 시리얼이 다시 세일 가격이 될 때까지 온 가족이 6주 동안 버틸 수 있다. 언뜻 생각하면 덜 사는 게 아니라 더 사는 것 같고 앞뒤가 안 맞는 것 같다. 그러나 결과적으로 이번 주에 시리얼 값으로 9달러 대신 23.88달러를 쓴 셈이 된다. 6주로 계산해보면, 그 뒤로 다섯 번 마트에 갈 때 시리얼을 살 필요가 없기 때문에 실제로 30달러 12센트를 절약할 수 있다. 작은 노력이지만 한 가지 품목에 작고 단순한 변화를 줘 1년에 식비 160달러를 절약할 수 있는 것이다. 모든 식료품에 이런 식의 노력을 기울인다면 얼마나 많이 저축할 수 있을지 상상해보라!

이런 방식으로 식료품을 비축하기까지는 시간이 걸린다. 가족들이 먹는 다양한 식료품을 대상으로 할 경우 보통 한 달에서 석 달 정도가 소요된다. 목표는 집 안에 조그만 식료품점을 하나 차리고 거기 있는 것들을 이용하여 가족의 식단을 짜는 것이다. 아마도 평상시보다 많은 양의 음식을 사면서도 실제로는 그 어느 때보다 음식값을 덜 쓰고 있다는 사실을 알게 될 것이다.

TV에서 보았을지 모르겠지만 다양한 종류의 식료품을 비축하는 것은 방 하나를 꽉 채울 만큼 자리를 많이 차지하지 않는다. 1년 치 식량을 비축할 필요는 없다. 왜냐하면 세일 주기는 일반적으로 8주 정도이고 창고에는 6주에서 8주 분량의 다양한 식료품이 비축될 것이기 때문이다.

대부분의 품목이 6주에서 8주 세일 주기를 따르는 반면, 1년에 한두 번만 세일을 하는 계절상품도 있다. 예를 들면, 제빵 재료인 밀가루, 설탕, 초콜릿 칩 같은 것들은 11월이나 12월에 한 번만 세일하기 때문에 6주 대신 1년 치를 사두는 게 현명하다. 마찬가지로 캔 수프 역시 겨울철에만 세일을 하는 경우가 많고, 오트밀은 1월에, 땅콩버터나 과일 스낵 같은 도시락 재료는 신학기가 시작될 무렵 세일한다.

신선식품 비용을 줄여라

쿠폰 사용 및 식비 절약과 관련하여 가장 흔하게 듣는 불만은, 진짜 저렴한 쇼핑은 고기나 낙농제품, 신선식품처럼 건강에 좋은 음식보다는 가공식품이나 포장제품처럼 건강에 좋지 않은 음식에만 국한된다는 점이다. 대부분 업체에서 발행하는 쿠폰은 포장식품에 해당되는 것이고 언뜻 생각하기에 식비를 반으로 줄이려면 조미된 밥, 차가운 시리얼, 가루로 만든 매시트포테이토로 타협하는 방법밖에 없는 것 같다. 다행히 상황은 결코 그렇지 않다. 건강하고 균형 잡힌 식단을 유지하면서도 여전히 엄청난 돈을 아낄 수 있다.

고기를 좋아하는 사람은 이 단계를 밟는 게 썩 내키지 않겠지만 진실을 말하자면 일주일에 두 번만 채식주의자가 되면 4인 가족 기준으로 1년에 1,000달러를 절약할 수 있다. 육류는, 심지어는 할인받아 사는 경우에도 값이 비싸다. 육류는 대다수 사람들의 식비에서 가장 큰 비중을 차지하는 품목이고, 따라서 식비를 줄이는 가장 간단한 방법은 고기를 '덜 먹는' 것이다.

이런 얘기는 실제보다 훨씬 더 고통스럽게 들릴 거라고 장담한다! 나는 거의 20여 년 가까이 채식주의자였지만 남편과 두 딸은 온갖 종류의 고기를 즐겨 먹는다. 오랫동안 나는 그들의 다양한 입맛을 충족시킬 수 있는 고기 없는 진수성찬을 준비하는 방법을 터득했다. 우리가 가장 좋아하는 고기 없는 식단으로는 다양한 채소 수프와 칠리, 야채 프리타타[33] 혹은 키시[34], 스파게티, 기타 파스타 요리, 가지 파마산[35],

심지어는 콩과 밥을 변형한 버전도 있다. 나는 종종 타코, 미트로프, 셰퍼드 파이의 레시피에 소고기 대신 채식주의자용 콩 고기[36]를 넣는다. 콩 고기는 주로 냉장식품 코너의 야채 버거 옆에 있고 쿠폰이 있으면 한 봉지에 1달러도 안 되는 가격에 살 수 있다.

그러다가 어느 날 고기를 사서 요리하겠다는 생각이 들면 비용절감을 위해 다음의 전략을 사용하라.

덩어리로 사라. 일반적으로, 양이 늘수록 파운드당 가격은 떨어진다. 저렴한 가격으로 책정된 가족 사이즈 패키지로 구입할 때의 이점을 노려라. 남는 분량은 냉동하라. 대량 구매를 위한 또 한 가지 창의적인 선택으로는 몇 가족이 모여서 소 한 마리를 구입한 뒤 고기를 나누는 것이다. 자세한 내용은 지역 도축장이나 정육점에 문의하라.

양을 최대한 늘려라. 고기는 소량 사용하고 빵조각이나 콩을 고기에 섞는 것으로 늘려 먹어라. 수프와 캐서롤은 레시피가 요구하는 분량보다 적은 양의 고기로도 만들 수 있다.

할인 품목을 찾아라. 지금쯤이면 고기를 반드시 세일 가격으로 사야 한다는 것 정도는 말 안 해도 알겠지만, 영업이 끝날 무렵에는 육류를 떨

33 채소·치즈 등을 달걀에 섞어 낮은 불로 데워 위를 갈색으로 한 오믈렛
34 달걀, 우유에 고기, 야채, 치즈 등을 섞어 만든 파이의 일종
35 아주 단단한 이탈리아 치즈. 보통 이탈리아 음식 위에 갈아서 얹어 먹음
36 채식주의자들을 위해 콩 단백질로 고기의 질감을 느낄 수 있도록 만든 육류 대체식품

이로 팔아치우려고 정기 세일 가격에서 더 할인된 가격으로 판다. 그 파격가를 이용하라. 필요할 때 쓸 수 있도록 고기를 냉동하라.

편리함을 포기하라. '먹기 편하게' 손질되어 있는 것일수록 비싸다는 사실을 명심하라. 직접 손질하고 조리를 위한 준비 작업을 해야만 하는 덩어리 고기를 사는 것으로 비용을 많이 아낄 수 있다. 고기를 직접 갈거나 혹은 덩어리로 사서 정육점 주인에게 갈아달라고 부탁하거나, 나아가서, 조리시간이 길어지거나 추가로 연육 작업이 필요한 고기를 사는 것이 최상등급 부위를 사는 것보다 훨씬 더 검소한 선택이다.

물론 농산품을 카트 한가득 담는 것 또한 고기를 한가득 담는 것만큼이나 식비를 날려버릴 수 있고, 과일과 야채의 값을 절약하는 것도 고기값을 절약하는 것만큼 중요하다. 다음은 내가 가장 좋아하는 농산품 구입비 절약 방법들이다.

제철식품을 이용하라. 신선식품은 제철일 때 가장 싸다. 그것은 곧 당신의 쇼핑 방식도 계절을 따라가야 한다는 뜻이다. 1월에 블루베리를 사지 말고 7월에 싹양배추를 사지 마라. 대신 최고의 가격에 최상의 품질을 구하기 위해 계절의 변화에 관심을 기울여라. 어떤 과일과 채소를 언제 구입해야 하는지 알아두어라. 가까운 마트의 전단이나 웹사이트를 통해 금주의 할인 품목을 확인하라.

할인 품목을 찾아라. 사야 할 물건이 많을 때 가격 조사에 조금만 공을 들이면 큰 보상을 받을 수 있다. 몇 분을 투자하여 인근 식료품 매장 전단지를 훑어보고 최저가를 확인하고, 월마트(혹은 다른 마트)의 가격비교 정책[37]을 이용하여 모든 제품을 한곳에서 가장 낮은 가격에 구매하라.

지역 생산자를 활용하라. 식료품 매장에서 값을 올려 파는 제품을 사는 대신 생산자를 직접 찾아가라. 도로변 가판대나 농수산물 직거래 장터는 가장 신선한 식품을 가장 저렴한 가격으로 구입할 수 있는 훌륭한 장소다. 가격 흥정을 두려워하지 마라. 문 닫기 직전에 가면 더 싼 가격에 구매할 수 있다. 또 한 가지 훌륭한 방법으로는 지역 농장 협동조합에 가입하는 것인데, 모든 제철 농산물을 매주 공급받을 수 있다.

직접 길러라. 조그만 텃밭을 만들어도 꽤 큰 수확을 거둘 수 있고 식비를 상당히 절감할 수 있다. 나중에 쓸 수 있도록 재료를 얼리거나 보존한다면 더욱 그렇다. 만약 텃밭 가꾸기에 젬병이라면(나처럼!), 당근이나 호박, 오이, 무처럼 기르기 쉬운 채소를 길러라. 바질, 고수, 파슬리 같은 기본적인 허브를 기르는 것도 훌륭한 방법이다!

냉동식품을 공략하라. 얼린 채소에도 신선한 채소 수준의 영양소가 들어 있지만 대체로 값이 훨씬 저렴하기 때문에 냉동식품도 훌륭한 대안이 될 수 있다. 특히 살 만한 계절식품이 별로 없는 달에는 더욱 그렇다. 대

37 자신이 구입한 물건이 다른 온라인 쇼핑몰이나 다른 오프라인 매장에서 더 저렴한 가격에 판매된다는 사실을 확인해주면 차액을 돌려주는 제도

부분의 레시피에 훌륭한 대안이 될 수 있다. 신선식품 쿠폰은 드문 반면 냉동식품의 경우 거의 마트 세일에 버금가는 쿠폰들이 있기 때문이다.

식단에
변화를 주어라

최저가일 때 식료품을 비축하는 것이 식비를 반으로 줄이는 열쇠임에도 불구하고 비축한 식료품들이 당신의 식단에 적합하지 않다면 아무 소용이 없다. 식비 절감과 지혜로운 식단이 함께 가야만 한다.

당신의 최근 식단과 식료품 구입 방식을 파악하여 알고 있는가? 당신은 다음 중 누구와 가장 근접한가!

미식가 지나: 요리를 즐기고 많은 시간을 고민하여 다양한 식재료가 들어가는 레시피를 선택하고, 제철식품이나 세일에 상관없이 자기가 하고 싶은 요리를 하는 편이다. 그녀는 자신을 '미식가'로 생각하고 카트와 냉장고는 유기농 신선 야채와 최상급 부위별 육류로 가득 차 있다. 한 주가 끝날 무렵이면 식료품을 너무 많이 사서 버리는 경우도 종종 있다.

초고속 루시: 저녁식사를 차릴 수 있으면 다행이라고 생각한다. 사는 게 너무 정신없고 바빠서 '식단'을 짠다는 것은 전단지에서나 일어나는 일이다. 마트에 가면 뭐가 필요한지 기억하려 애쓰며 통로를 뛰어다닌다.

가격을 확인하기에는 너무 바쁘고 쇼핑을 할 때는 대체로 배가 고픈 상태라 충동구매를 많이 하는 편이다.

뒤죽박죽 우르술라: 항상 살 것을 잊어버리기 때문에 거의 매일 마트에 간다. 식단은 하루에 한 번 짠다. 일주일 식단을 짠다는 것은 너무 부담스럽다. 쇼핑 목록을 작성한 경우에도 반은 카운터에 목록을 두고 나간다.

따분한 브렌다: 브렌다의 가족은 새로운 음식을 먹는 것을 즐기지 않기 때문에 세일이건 아니건 거의 매주 똑같은 식료품을 산다. 그녀의 식단은 거의 변화가 없고 일과는 돌처럼 굳건히 자리 잡은 상태라 대부분의 경우 쇼핑 목록을 작성하는 수고조차 하지 않는다.

검소한 샐리: 샐리는 가족의 식단을 가장 저렴한 식품으로만 짠다. 심지어 한두 번 정도는 아무도 좋아하지 않는 메뉴로 준비한다. 그녀는 필요 이상의 돈을 지출하는 것을 싫어하고, 조금이라도 더 절약하기 위해 거의 매번 마트의 자체 생산 브랜드 제품을 구매한다. 그녀는 쿠폰은 낭비라고 생각한다. 할인 대상 품목들이 고가의 브랜드 제품이기 때문이고 그녀는 그런 제품들을 살 일이 없다.

완벽하게 정확한 묘사는 아닐지라도, 적어도 이 중 한 명과는 자신의 모습이 유사하다고 말할 수 있을 것이다. 우리 중 대부분은 특정한 스타일을 고수하고 있고 오래된 습관을 고치는 것은 식비를 줄이는 과정에서 단연 가장 어려운 대목이다.

현재 당신이 어떤 스타일이건, 현명한 클라라처럼 되는 것을 목표로 삼아야 한다. 클라라는 이미 보유하고 있는 식료품을 바탕으로 식단을 짜고, 다음엔 마트에서 세일 중인 품목을 활용한다. 마트에서는 이번 주에 필요한 물건에만 관심을 갖는 게 아니라 어떤 품목이 최저가인지를 확인하고 그것을 기존의 식료품 창고에 보탠다. 최저가 제품에 사용해 더 큰 할인을 받을 수 있도록 시간을 내어 쿠폰도 찾는다.

초고속 루시, 혹은 뒤죽박죽 우르술라처럼 되는대로 끼니를 해결하고, 일주일에 여러 번 장을 보러 가는 사람들은 이 단계가 생각만큼 어렵지 않을 것이다. 저녁거리를 사러 마트로 달려가는 대신 비축해놓은 식료품, 집 안의 식료품 가게로 달려갈 수 있을 테니까. 충동구매나 급하게 닥쳐서 구매하는 것을 막을 수 있을 뿐 아니라 일주일에 한 번 쇼핑품목을 구입하는 것만으로 식재료를 한층 다양하게 구비해놓을 수 있다.

따분한 브렌다에게도 이런 방식을 적용하기가 상당히 수월할 것이다. 가장 큰 변화라고 해봐야 세일 기간에 가족들이 가장 좋아하는 것을 대량으로 구매하는 것 정도이다.

사야 할 품목의 목록을 작성하는 것보다 먹고 싶은 음식이 무엇인지 생각하는 데 익숙한 미식가 지나 타입이라면 이러한 변화가 조금 힘들 수도 있다. 어쩌면 일하는 순서를 바꾸어야 할 수도 있다. 먼저 세일품목들을 확인하고 이미 있는 재료를 확인한 다음, 재료에 맞추어 식단을 짜서 매주 세일하지 않는 품목의 구매를 최소화해야 한다. 좋은 소식이 있다면 다양한 식단 스타일 중에서 이 타입이야말로 변화를 시도했을 때 가장 큰 식비 절감 효과를 볼 수 있다는 것이다.

검소한 샐리에 해당하는 사람들은 상당히 잘하고 있고 여러 가지 스타일 중 쇼핑 방식을 바꿀 필요가 없는 사람들이다. 그러나 마트 세일 기간에 쿠폰을 함께 사용하는 방식은 생각해볼 필요가 있다. 약간만 변화를 준다면 가족들이 정말 좋아하는 음식만 먹을 수 있는 여유가 생길 수도 있다.

쿠폰을 사용하라

이 장의 맨 앞에서가 아니라 맨 뒤에서 쿠폰을 다루는 것은 우연이 아니다. 쿠폰으로 식비의 상당 부분을 줄일 수 있는 것은 사실이지만, '다른 단계들을 먼저 밟았을 때'에만 그렇다. 쇼핑 방식을 바꾸고, 가족이 6주에서 8주를 버틸 수 있는 양을 미리 구입하고, 고기와 신선식품에서 절약하고, 현명한 클라라처럼 식단을 짠다면, 그것만으로도 엄청난 식비를 절약할 수 있다. 쿠폰 한 장 오리지 않고도.

이미 세일 중인 품목들에 쿠폰을 더한다면, 그 효과는 훨씬 더 클 것이고 평상시 식비의 50퍼센트 혹은 60퍼센트 심지어는 그보다 더 절약할 수 있을 것이다. 이런 방식을 꾸준히 유지하면서, 한 주 한 주 지내다 보면 식비는 문자 그대로 절반으로 줄어든다.

〈TLC의 최강 쿠폰 사용법〉 같은 쇼를 보면 조금 두렵게 느껴지지만 쿠폰을 마트의 세일과 결합하는 방법은 실제로 그다지 혼란스럽거나 부담스럽지 않다. 중요한 것은 쿠폰 사용은 첫 번째가 아닌 마지막이라는 것이다. 쿠폰이 있다고 해서 무조건 사지 마라. 업체에서는 당신이 당연히 그럴 거라고 생각하고 있다! 세일을 기다리고 그다음에 쿠폰을 써라. 쿠폰은 당신이 쓰고도 남을 만큼 널려 있고, 만약 그 품목이 세일에 들어가지 않는다면 기한을 넘겨도 좋다. 쿠폰은 언제나 있으니까. 당신의 인내심은 결국에 보상받을 것이다. 쿠폰을 사용하는 것이 너무 부담스럽고 혼란스럽다면, 걱정하지 마라! 이 장의 첫 부분에서 알려준 비법 기억하는가? 가장 큰 절약은 세일 중인 품목을 사고, 물건을 비축하고, 식단을 짜는 데서 오는 것이다. 쿠폰이 아니다!

마지막으로, 가공식품을 피하려 한다고 해도, 쿠폰을 사용한다는 개념을 아예 배제하진 마라. 치즈, 요구르트, 냉동 채소 같은 건강식품을 위한 쿠폰도 있고, 생활필수품인 화장실 휴지, 샴푸, 치약, 여성용품, 청소용품 같은 것들을 위한 쿠폰도 있다.

오래된 습관을 바꾼다는 것은 결코 쉬운 일이 아니지만 식료품 구매 방식을 조금 바꾸고 식단을 짜는 것만으로도 적게 쓰면서 잘 살고, 또 잘 먹을 수 있다.

도전 과제

식비를 줄여라

식료품을 구입하는 방식을 바꾸고, 비축하고, 식단을 짜서 식비를 줄이기로 결심하라. 식비예산을 합리적으로 설정하기 위해 식비로 드는 돈을 최소 한 달 이상 가계부로 정리해보고 현재 당신의 씀씀이가 어느 정도인지 냉정하게 판단해라. 검소한지, 비교적 낮은 편인지, 중간인지, 헤픈지. 당신의 현재 상태에 따라 달라지겠지만 현명하게 쇼핑한다면 10퍼센트에서 50퍼센트, 혹은 그 이상의 식비를 절감할 수 있다.

당신이 자주 가는 마트의 최저가를 확인하기 위해 최저가 목록을 작성하고, 최저가일 때 대량으로 구매하라. 가족들이 먹는 식자재와 식료품을 비축할 저장고 혹은 찬장을 만들어라. 세일이라고 무조건 사지 말고 실제 사용할 품목들만 비축하라.

저장고에 있는 재료를 우선적으로 활용하여 식단을 짜고 그다음에는 마트에서 세일하는 품목으로 식단을 짜라. 일주일에 한두 번은 고기 없는 식단을 고려하고 고기와 신선식품 비용을 줄일 부차적인 방법을 찾아라.

만약 이 모든 것을 이미 하고 있다면, 쿠폰을 사용하여 거기서 더 절약하는 방법을 찾아라.

열 번째

단계

깨끗한 집이
행복한 집이다

지혜로운 여자는 집을 세우지만, 어리석은 여자는 제 손으로 집을 무너뜨린다.

잠언 14장 1절

깎아야 하는 잔디가 있고 닦아야 하는 창문이 있는 것에 감사하고, 수리해야 할 홈통이 있는 것에 감사한다. 왜냐하면 그 모든 것이 내게 집이 있다는 의미이기 때문이다. 빨고 다려야 할 옷이 있는 것에 감사한다. 그것은 내가 사랑하는 사람이 가까이 있다는 뜻이기 때문이다.

낸시 J. 카모디

크리스마스 휴가라면 당연히 그래야 하듯이, 우리는 편안하고, 아늑하고, 느긋한 시간을 보내고 있었다. 우리는 하루 종일 잠옷 바람으로 영화를 보고, 마룻바닥에 레고 도시를 건설했다. 남은 파이로 아침을 때웠고, 거한 저녁식사를 치르고 남은 음식들, 이웃과 친구들이 주고 간 크리스마스 별식을 야금야금 먹었다. 싱크대에 접시를 높이 쌓아두었고, 쓰레기가 넘치도록 방치한 채 도미노 게임과 캔디 랜드 게임[38]을 하고 또다시 낮잠을 잤다.

좋았다. 적어도 며칠 동안은.

그런데 어느 순간부터 마음이 편치 않았다. 우리가 만든 레고 도시는 부서져서 개털과 소나무 잎사귀가 뒤덮은 마룻바닥에 조그만 조각들로 흩어져 있었다. 툭하면 레고 조각을 밟았는데 모서리가 날카로워서 아팠다. 부엌 식탁은 도미노와 퍼즐 조각으로 뒤덮여서 음식을 먹을 공간조차 없었지만 사실 그건 문제가 되지 않았다. 더 이상 깨끗한 접시가 한 개도 남아 있지 않았기 때문이었다. 침대 정리를 안 한 지는 며칠이 되었고 창문은 온통 지문투성이였고, 선반이나 서랍장마다 고운 먼지가 앉아 있었다. 보이는 곳마다 책과 장난감과 옷가지와 잡동사니가 있었다. 갑자기 심장이 뛰기 시작했고 이 돼지우리 속에 1분만 더 앉아 있다간 그대로 미쳐버릴 것 같았다. '더 이상은 도저히 못 참아!'

나는 가족들을 거실로 소집했다. "자, 우리 지금부터 뭐 할 건지 알아?" 내가 선포했다. "대청소 작전, 실시!" 마룻바닥의 레고 조각을 전

38 캔디 모양의 돌림판 바늘을 돌려 바늘이 멈추는 곳에 있는 지시를 따라 하는 게임

부 주워 담으라는 첫 번째 임무를 부여한 순간 아이들이 신음했고 남편은 한때 우리가 부엌이라고 불렀던 곳의 접시들의 무덤을 공격하기 시작했다. 나는 미친 듯이 청소했다. 침대를 정리하고 빨랫감을 모으고 욕실을 문질러 닦았고, 광란의 회오리바람처럼 잡동사니를 훑고 지나갔다. 4시간 뒤, 집 안 구석구석이 반짝거렸다. 나는 한숨을 쉬었다. 이제 좀 살 만하군.

내가 침대를 정돈하는 이유

몇 년 전 우리 가족이 지켜주었으면 하는 단순한 규칙들을 내 블로그에 올린 적이 있었다. "매일 기도하기" "야채 먹기" "자기 자리 치우기" "예의 바르게 행동하기" "다른 사람에게 상처를 주었을 때 미안하다고 말하기" 같은 것들이 있었다. 우습게도 사람들이 가장 많이 언급했지만 정작 나는 두 번 생각하지 않았던 규칙이 있었는데, 바로 "매일 침대 정돈하기"였다.

이게 그렇게 신기한 개념인가? 솔직히 내가 침대 정리에 조금 집착한다는 사실은 인정해야 할 것 같다. 남편이 아침에 화장실에 가면, 다시 잠자리에 들 거란 걸 알면서도 침대를 정리하는 사람이 바로 나다! 이 규칙을 블로그에 올리고 너무도 많은 사람이 침대 정리를 중요한 하루 일과로 여기지 않는다는 사실을 깨닫기 전까지, 그런 습관이 이상할 수도 있다는 생각은 거의 들지 않았다. 그러나 가만히 생각해보니, 내가 침대를 정리하는 것은 물론 매일 집을 깔끔한 상태로 유지하는 보다 근본적인 이유가 있다는 사실을 깨달았다.

보기가 좋다. 너무도 당연한 얘기다. 그렇지 않은가? 제자리에 놓인 베개와 반듯하게 펴진 시트와 이불은 구겨진 이불과 바닥에 떨어진 베개보다 훨씬 보기 좋다. 더러운 접시가 가득 찬 싱크대는 보기 흉하고, 반짝이는 주방용품과 깨끗하게 닦인 부엌 조리대는 하루 종일 보아도 질리지 않는다. 지문 자국이 없는 창문과 유리가 훨씬 더 보기 좋고, 깨끗하게 닦은, 혹은 진공청소기를 돌린 마룻바닥은 집 안을 훤하게 한다. 장난감, 옷가지, 책처럼 모든 잡동사니들은 여기저기 흩어져 있을 때보다 제자리에 들어가 있을 때 훨씬 더 보기 좋다.

집 안이 깨끗할 때 더 많은 일을 할 수 있다. 매일 일정 시간을 집 안 청소에 할애하면 생산성이 훨씬 더 좋아지는 것 같다. 급하게 일을 처리해야 하는 상황에는 더더욱. 엉망진창인 집 안 상태를 외면하고 일을 할 때는 그 엉망진창을 피해가며 일을 하게 되고, 걸리적거리는 물건들 때문에 주의가 쉽게 분산된다. 그런 날에는 아무것도 제대로 할 수 없다. 그렇다고 우리 집이 항상 깨끗한 건 아니지만 깨끗할 때 일을 더 많이 할 수 있다.

사람들이 와도 창피하지 않다. 남편과 나는 신나게 즐기고, 파티 열기를 좋아하고, 사람들을 잘 대접하는 것을 아주 중요하게 생각한다. 우리는 예고 없이 친구들을 저녁식사에 초대하는 사람이 되고 싶고, 부담 없이 즉석 모임을 갖는 사람이 되고 싶다. 우리 집이 깨끗할 때면 충동적으로 사람들을 초대하기가 한결 편해지고, 손님들이 불쑥 나타나더라도 개의치 않는다. 한심하게 들릴 수도 있겠지만, 가정주부로서 내가 가장 뿌듯했던 순간은 남편과 직장 동료 네 명이 근처에서 회의에 참석한 뒤 예고 없이 우리 집에 들이닥쳤을 때였다. 우리 집은 티끌 하나 없이 깨끗했고, 아이들은 낮잠을 자고 있었고, 나는 부엌 테이블에서 일을 하고 있었다. 나중에 남편은 우리 집이 너무도 평화롭고 아늑해서 동료들이 충격을 받았다면서, 내가 그들이 올 줄 모르고 있었다는 사실을 못 믿더라고 했다.

물건을 쉽게 찾을 수 있다. 모든 게 제자리에 있을 때 물건 찾기가 훨씬 쉽다. 그보다 더 중요한 점은, 모든 게 자기 자리를 갖고 있을 때 물건을 치우기가 한결 쉬워진다는 것이다.

아이들이 더 잘 놀고 배울 수 있다. 엄청난 양의 장난감을 치웠는데도 나의 사랑스러운 딸들은 아직도 눈 깜짝할 새에 집 안을 엉망으로 만들 수 있는 놀라운 능력을 지니고 있는 것 같다. 당신의 아이들도 그런 능력을 지니고 있는가? 때로 아이들은 하루 종일 눈에 띄는 대로 책, 게임, 레고를 바닥에 끌어내리며 시간을 보내는 것 같다. 그렇더라도, 아이들의 방을 깨끗하게 치웠을 때 그리고 그 과정에 동참하게 했을 때, 아이들은 실제로 훨씬 더 잘 논다. 나와 마찬가지로 아이들도 물건을 더 쉽게 찾고 바닥에 널린 온갖 물건들이 그들을 노려보고 있을 때보다 한 가지에 더 잘 집중한다.

우리 가족이 행복해진다. 혼란 속에서 살고 싶은 사람은 없다. 직장에서 그리고 학교에서 고된 하루 일과를 마치고 재난의 현장과도 같은 집으로 돌아오고 싶은 사람은 없다. 오해 말기를. 때로는 우리 집도 통제 불능의 상태가 되어서 아이들은 갑자기 배가 고프다며 짜증을 내며 소리 지르고, 접시는 싱크대에 수북이 쌓여 있고, 저녁식사는 아직 준비되지 않았고, 집 안은 온통 엉망진창이고, 빨래는 하늘 높이 쌓여 있는 날이 많다. 그러나 집 안이 깨끗하게 정돈되어 있을 때 우리 가족은 좀 더 화목해지는 것 같다. 우리는 저녁식사 테이블에 조금 더 머물고 삶을 조금 더 즐긴다.

좀 더 창의력을 발휘할 수 있다. 엉망진창 외에는 아무것도 보이지 않을 때와는 달리 주변이 깨끗하면 나의 마음은 내 주위를 둘러싼 창의적 잠재력을 선명하게 보게 된다. 그래서 나의 책상과 식탁은 일을 펼쳐놓고 끝낼 수 있도록 깨끗하게 비워져 있다. 글쓰기로 말하자면, 쓰기 시작할 때 서재가 깨끗하게 정돈되어 있어야 훨씬 일이 수월해진다. 마찬가지로, 부엌이 깨끗하게 정돈되어 있을 때 나는 음식을 만들고 빵 굽는 일에 창의력을 발휘하고 싶은 욕구가 생긴다. 어수선한 분위기에 크게 영향받지 않는 사람도 있겠지만, 잡동사니와 먼지에 둘러싸여 있으면 나는 창의력을 발휘하기가 정말 어렵고, 창의성을 발휘하는 순간을 즐길 수도 없다.

숙면에 도움이 된다. 잘 정돈된 침대로 파고드는 것보다 내가 더 사랑하는 건 없다. 정말 너무도 아늑하다! 꼬인 시트와 바닥에 뒹구는 담요를

집어 드는 대신 나는 곧바로 편안하게 에너지 충전을 위한 밤을 맞이할 채비를 할 수 있다. 집 안의 다른 곳을 청소하고 정돈할 시간이 없을 때조차도, 나는 이 한 가지만큼은 반드시 한다. 어수선한 침대에서 잠드는 건 도저히 참을 수 없기 때문이다. 정돈된 침대는 기분이 좋고, 담요는 밤새 침대 위에 머물러 있고, 그래서 나는 더 편안히 잠을 잘 수 있다.

내가 할 일이다. 나에게 성인이 된다는 것은 우리 가정을 돌봐야 하는 책임감을 받아들인다는 의미이다. 남편과 내가 갓 결혼했을 때, 적어도 둘 중 한 명은 집 안에 아이들과 머물러야 하고, 집에 있는 사람이 집안일을 하고 정돈하는 책임을 맡아야 한다는 데 합의했다. 골로새서 3장 23절에 의하면, "무슨 일을 하든지 마음을 다하여 주께 하듯 하고 사람에게 하듯 하지 말라"라고 되어 있다. 만약 가정을 돌보는 것이 나의 책임이라면, 그 일을 잘하는 것이 나의 의무이다. 그렇다고 해서 가족 중 다른 사람들이 도울 필요가 없다거나, 그 임무를 나누어선 안 된다는 건 아니다. 그렇게 해야 한다. 그렇더라도 우리는, 집 안을 깨끗하게 유지하는 것이야말로 가정을 소중히 여기고 있음을 서로에게 보여주는 일이며, 가정을 갖는 것의 일부라는 사실을 받아들여야 한다.

예전의 나는 지금처럼 깔끔쟁이가 아니었다. 어렸을 때 나는 방을 치울 줄 모르는 아이였다. 어쩌다가 방을 치우라는 잔소리를 들으면, 전부 다 침대 밑이나 옷장 안에 쑤셔 넣고 아무도 알아차리지 못하기를 바랐다. 대학 시절 세 명의 룸메이트와 함께 썼던 아파트는, 아무리 좋게 말하려 해도 꼴이 말이 아니었다. 우리 세 사람 중 한 명이 접시를 닦자고 할 때는 더 이상 남아 있는 접시가 없을 때뿐이었다. 패널이 부서진 벽, 실밥이 드러난 카펫, 창고 세일에서 구입한 어울리지 않은 가구들로 꾸며진 섬뜩할 정도로 흉측한 1970년대의 싸구려 듀플렉스[39]는 우리 중 누구에게도 집 안을 깔끔하게 정리하고 싶은 욕구를 불러일으키지 않았다.

대학을 졸업하고, 제대로 된 직장을 잡고, 처음으로 나만의 아파트를 갖게 되자 상황이 달라졌다. 내가 벽을 칠했고, 액자를 걸었고, 이케아에서 예쁘지만 비싸지 않은, 아파트에 어울리는 가구들을 사들였다. 마침내 가꾸고 싶은 나만의 보금자리가 생겼고, 그제야 나는 매일 내가 사랑하는 공간으로 돌아올 수 있다는 게 얼마나 큰 만족감을 주는지 깨달았다.

이제 나는 더 이상 비좁은 아파트의 독신녀가 아니다. 더 큰 집과 그 집을 엉망으로 만들 남편과 아이들 그리고 사방에서 나를 끌어당기는 의무들이 있다는 것은 우리 집이 재앙 수준인 날이 그만큼 많다는 뜻이다. 많은 시간을 청소에 투자했는데도 하루가 끝날 무렵에는 엉망이 되기 일쑤다. 하지만 그게 인생이다. 집 안을 깨끗하게 유지하는 것은, 아무도 고마워하지 않는 일이고, 영원히 끝나지 않는 일이다. 하루 종일 직장에서 일을 하건, 전업주부이건, 아이가 하나이건, 열이건 상관없다. 그런 날이면 나는 나 자신에게 자비를 베풀려고 노력하지만 그래도 집 안을 깨끗하게 유지하기 위해 노력하는 건 중요하다. 결론적

39 두 세대가 살도록 설계되어 있는 건물

으로, 우리 집이 깨끗하고 내 침대가 잘 정돈되어 있으면 좀 더 편안하게 숨을 쉴 수 있다.

효율적인 청소법을 찾아라

집 안을 깨끗이 유지해야 하는 이유를 전부 다 꿰고 있다고 해도 당신의 생활과 당신의 가족에게 적합한 효율적인 청소법을 찾지 못한다면 별로 의미가 없다. 모두에게 '적합한' 방식이란 있을 수 없겠지만, 효율적인 청소법의 가장 기본적인 첫 단계는 깨끗한 집을 우선순위에 두는 것이다. 당신의 집은 결코 요술처럼 저절로 깨끗해지지 않는다. 당신이 치워야 한다. 그 책임을 받아들이고 시간을 투자하는 것만이 그 일을 해내는 유일한 방법이다.

오랜 세월 동안 나는 다양한 청소법을 보았고 또 시도해보았다. 어떤 사람은 한 번에 청소를 해치우고 싶어 한다. 일주일에 한 번, 혹은 집 안이 너무 지저분해서 더 이상은 도저히 견딜 수 없을 때까지 기다렸다가 날을 잡아 청소한다. 하루 종일, 적어도 몇 시간에 걸쳐 솔로 변기를 문지르고, 먼지를 털어내고, 바닥을 닦고, 밀린 빨래를 한다. 반면 하루에 한 곳씩 청소하는 사람도 있다. 월요일에는 화장실을 청소하고, 화요일에는 진공청소기를 돌리고, 수요일에는 빨래를 하는 식으로.

개인적으로 나는, 비록 지금은 남편과 청소를 분담하고 있지만, 초고속으로 매일 청소하는 것이 우리 집을 깨끗하게 유지하는 가장 효율적인 방법임을 깨달았다. 우리 두 사람은 집 안을 반짝거리는 상태로 유지하기 위해 평균적으로 하루에 한 시간 정도를 투자한다. 결과적으로 일주일에 7시간은 청소에 소요하는 셈이다. 엄청난 시간이다! 그러나 앞에서 말한 여러 가지 이유로, 대부분의 시간을 깨끗하고 정돈된 집에서 생활하기 위해, 일주일에 7시간 정도는 투자할 만하다고 생각하고 있다. 우리가 발견한 비법은, 청소에 통달하는 것이다.

나는 목록 만들기를 좋아하는 사람이라 매일의 청소 체크리스트를 만들고 싶었다. 물론 남편을 그 목록에 따라 청소하게 만드는 것은 별개의 문제다! 내가 만든 청소 체크리스트는 우리 집 '중앙 통제본부' 벽에 붙어 있고, 그 벽에는 쓰고 지울 수 있는 달력과 일주일 식단과 중요한 전화번호가 있다. 모든 게 한 장소에 있어서 임박한 행사나 약속을 쉽게 확인할 수 있다. 이렇게 하면 청소를 우선시하는 데 도움이 되고 필요에 따라 생략하거나 덧붙일 수 있다.

우리는 청소도구를 여러 가지 사용하지 않고 청소용품의 브랜드에도 별로 신경 쓰지 않는다. 예전에는 일회용 항균 걸레를 포함하여 시중에서 판매하는 편리한(그러나 고가의) 제품들을 애용했지만 서서히 집에서 만든 몇 가지 세제로 갈아탔다. 저렴하면서 향기가 더 좋고, 알레르기 유발 물질도 적게 함유하고 있고, 환경에도 좋을 뿐 아니라 구비해놓아야 할 통의 숫자도 훨씬 줄어든다. 요즘은 베이킹 소다, 식초 등 쉽게 구할 수 있는 물건들로 만드는 세제 레시피가 주위에 널려 있다.

다음은 나의 초고속 청소법이다.

청소 전반에 관한 포괄적 지침

• 집 한쪽 끝에서 시작해 반대편 끝으로 이동한다.

• 모든 물건이 제자리에 있을 때 청소는 한결 수월하다. 집 안에 어질러진 모든 잡동사니를 정돈할 수 있는 수납공간을 만들어라. 학교 신문, 우편물, 신발, 장난감 등등.

• 커다란 빨래 바구니를 이용하여 장난감이나 각 방의 제자리에 돌려놓을 옷가지를 수거한다. 방 청소가 끝난 뒤 수거한 물건들을 제자리에 놓는다.

• 먼지 털기, 걸레질, 진공청소는 마지막까지 남겨두었다가 한꺼번에 한다. 대부분이 시멘트 바닥이라면 마른 대걸레로 매일 닦고, 일주일에 한두 번 물걸레로 닦는다. 대부분의 가정에서 진공청소기는 일주일에 한두 번 정도 돌리는 것으로 충분하다.

• 유리창 청소도 나중으로 미루고, 욕실용품과 싱크대는 물론 문, 창문, 유리 상태의 점검도 맨 나중에 한다.

• 샤워 부스에 세정제를 두고 샤워를 끝낸 뒤 뿌려서 청소한다.

• 소독제를 넣은 용기에 변기 솔을 담가둔다. 소독제는 일주일에 한번 교체한다.

침실(각 5분에서 10분)

• 침대를 정돈한다.

• 주위에 널려 있는 옷가지, 장난감, 접시 등을 치운다.

• 빗자루 혹은 마른 걸레로 침대 머리 판은 물론 발판의 먼지까지 닦는다.

욕실(각 5분에서 10분)

• 욕실 화장대를 청소하고 바닥에 있는 모든 물건을 줍는다.

• 가장자리를 중심으로 변기 세정제 혹은 다목적 세정제를 뿌린 다음 스며들게 한다.

• 싱크대, 샤워기, 욕조를 젖은 걸레와 살균제 스프레이 혹은 휴지로 닦는다.

• 변기 솔을 이용하여 변기와 가장자리를 닦는다.

• 변기 의자와 뚜껑을 살균 스프레이 혹은 살균 물휴지로 닦는다. 욕실 바닥도 닦는다.

거실(각 10분에서 15분)

• 신발, 접시, 장난감, 책, 그 밖에 바닥에 널려 있는 잡동사니들을 줍는다.

• 먼지떨이와 걸레로 가구 표면에 앉은 먼지를 닦는다.

• 젖은 걸레로 가죽 소파, 테이블, 식탁 의자를 닦는다.

• 책상을 정돈하고 모든 서류 작업과 우편물이 정렬되고 분류되었는지 확인한다.

부엌(각 10분에서 15분)

• 뜨거운 비눗물을 싱크대에 채운다.

• 부엌 물건이 아닌 것을 전부 집는다. 조리대에 있는 모든 음식과 더러운 접시를 치운다.
• 식기세척기의 그릇을 정돈하고 더러운 그릇을 닦는다. 싱크대 물을 빼고 세제로 닦는다.

마무리

• 마른 걸레로 각 방의 바닥을 닦는다. 스펀지로 얼룩을 제거한다. 일주일에 한 번 젖은 걸레를 사용한다.
• 진공청소기로 양탄자와 카펫을 일주일에 한두 번 청소한다.
• 유리 표면과 거울을 유리 세정제나 보드라운 헝겊으로 닦는다. 좀 더 광이 나도록 욕실용품에 스프레이를 뿌리고 닦는 것을 잊지 않는다.
• 청소하는 동안 모아놓은 쓰레기를 버린다.

여기 소개한 초고속 청소법은 내가 선호하는 방식이지만 누구에게나 적용되는 건 아닐 수 있다. 하지만 자신의 상황과 성향에 맞는 간편한 청소법을 만들어두는 것은 깨끗하고 정돈된 나만의 공간을 위해서 적극 추천한다.

적응하기까지 조금 시간이 걸리겠지만 효율적인 청소법을 개발하는 것은 궁극적으로 당신의 집을 최대한 안락하게 만드는 최선의 방법이다. 집 안 청소에 아이들을 동참시키는 것을 잊지 말기를. 아이들도 팀의 일원이고 훗날 독립했을 때 이런 기술들이 필요할 것이다. 깨끗한 집이 곧 행복한 집이다!

환경에 좋고 검소한 홈메이드 세제

성인이 된 후 꽤 오랜 시간 동안, 나는 세제를 많이 사용할수록 더 깨끗하다는 그릇된 생각을 갖고 있었다. 어느 순간 청소도구함에 너무 많은 걸레와 빗자루가 쌓여 있었고 남편은 있는 대로 화가 나서 폭발하기에 이르렀다. "저 물건들이 당신 대신 알아서 청소를 해주지 않는다는 건 알고 있겠지?" 그가 그 사실을 지적할 때까지 나는 어쩌면 그럴 수도 있을 거라고 생각했다.

깨끗한 집의 가장 중요한 요소는 물건을 사들이는 것을 중단하는 것이다. 따라서 직접 세정제를 만들기 위해 재료를 사러 달려나가기 전에 먼저 벽장 속에 묵히고 있는 세제들을 전부 다 사용하라. 있는 것을 쓰는 것도 큰 절약이다!

그 외에 필요한 세정제가 어쩌면 부엌이나 세탁실 벽장에 이미 있을지도 모른다는 사실을 알면 아마도 깜짝 놀랄 것이다. 집에 있는 몇 가지 재료만 섞으면 거의 모든 세정제를 만들 수 있다는 사실에 나 역시 무척 놀랐다. 이미 집에 있는 열 가지 재료를 열 가지 방식으로 섞기만 하면 환경에도 좋고 매우 경제적인 세정제를 만들 수 있다. 아래는 내가 즐겨 만들어 쓰는 세정제 제조법이다. 인터넷 세상에는 보다 다양하고 쉬운 천연 세정제 제조법이 있다. 몇 가지 천연 세정제 제조법만 익혀두어도 생필품이라 생각했던 것들의 꽤 많은 부분에서 지출을 줄일 수 있다.

욕실 세정제

베이킹 소다 3/4컵

레몬주스 1/4컵(레몬 반 개 분량)

소금 3테이블스푼

액상 주방세제 3테이블스푼

식초 1/2컵

모든 재료를 중간 크기의 둥근 그릇에 넣고 섞어 페이스트를 만들고, 솔이나 스펀지로 욕조, 샤워 부스의 벽, 싱크대에 바른다. 세제 때문에 욕조 표면이 벗겨지지 않는지 한 곳에 시험해본다. 만약 손상된다면 혼합물에서 소금을 빼라! 따듯한 물과 젖은 걸레로 잘 닦아준다. 낡은 수건으로 물기를 닦는다. 남은 세제는 폐기한다.

변기용 강력 세정제

베이킹 소다 1컵

식초 1컵

변기의 수도 밸브를 잠그고 물이 빠질 때까지 한두 번 물을 내려준다. 베이킹 소다를 뿌리고 그다음에 식초를 천천히 뿌리되 식초가 변기 표면을 최대한 많이 덮게 한다. 오일을 몇 방울 첨가한다. 베이킹 소다가 식초와 반응할 것이다. 반응이 끝나면 변기 솔로 표면을 닦고 자국이나 얼룩을 제거한다. 수도 밸브를 열고 물을 내려준다.

가구 광택제

올리브 오일 3/4컵

레몬주스 2테이블스푼(레몬 1/4 조각)

식초 1테이블스푼

작은 용기에 재료를 섞는다. 걸레를 따뜻한 물에 적셔 짠 다음, 젖은 걸레를 가구 광택제에 담갔다가 가구 표면을 닦는다. 낡은 수건으로 물기를 닦아낸다. 스테인리스 광택제로도 사용할 수 있다. 밀폐 용기에 6주 정도 보관할 수 있다.

스테인리스스틸 세제

베이킹 소다 2테이블스푼

식초 1/2컵

따뜻한 물 2컵

모든 재료를 스프레이 통에 넣는다. 혼합물에 거품이 생길 것이다. 거품 발생이 멈추면 마개를 닫고 스테인리스 표면에 뿌린다. 세제로 닦고 보드라운 헝겊으로 물기를 닦는다. 광택을 더하고 싶다면 앞서 설명한 가구 광택제를 사용한다.

섬유 유연제

식초 1/4에서 1/2컵

오일(선택 사항)

헹굼 시 식초와 함께 가장 좋아하는 에센셜 오일 몇 방울을 떨어뜨려서 드럼 세탁기의 유연제 칸에 넣는다.

깨끗한 집처럼
좋은 곳은 없다

집을 깨끗하고 정돈된 상태로 유지해야 하는 이유는 여러 가지가 있지만, 그중 가장 중요한 것은 아마도 이것일 것이다. 바로 깨끗한 집은 돈을 아껴준다는 사실. 집과 살림살이를 잘 돌본다는 것은 각종 생활용품, 가구, 카펫, 그 외 여러 가지 물건이 덜 손상된다는 것을 의미한다. 집 안의 생활용품들을 잘 보살피게 되리란 것을 알면 오래 못 쓰는 싸구려 물건보다는 좀 더 오래 쓸 수 있고 장기적으로는 돈을 절약할 수 있는 좋은 제품에 기꺼이 투자할 수 있을 것이다. 집 안의 모든 물건을 항상 있어야 할 자리로 돌려놓는 것은 잃어버릴 확률이 그만큼 줄어든다는 의미이고, 그렇게 되면 새로 살 필요가 없어지기 때문에 돈을 아낄 수 있다.

마지막으로, 집이 깨끗하면 집에 있기만 해도 기분이 좋아진다. 지상의 다른 모든 것들과 달리 집에 있는 것은 공짜다. 여러분은 어떤지 모르겠지만 집이 엉망일 때 나는 집 밖으로 뛰쳐나가고 싶은 마음이 굴뚝같아진다. 나에게 그것은 곧 타깃으로 달려가 아무 생각 없이 필요하지도 않은 물건들로 카트를 채우는 것이고, 결과적으로 집 안의 혼란을 가중시키는 것이다. 깨끗하게 잘 정돈되어 있을 때 우리 집은 혼돈의 세상에서 벗어난 나만의 작은 안식처가 되고 온갖 혼란과 소비 속에서 나를 구할 오아시스가 된다. 집이 깨끗할 때 그보다 더 머물기 좋은 곳은 없다.

도전 과제

집을 청소하라

시간을 갖고 집을 깨끗한 상태로 유지해야 하는 당신만의 이유를 생각해보라. 이것은 당신이 바라는 바인가? 왜 그런가? 또 왜 그렇지 않은가? 집을 청소하는 가장 큰 이유는 무엇인가? 당신의 현재 청소습관을 정직하게 점검하라. 당신의 집은 평상시에 깨끗한 편인가? 아니면 종종 엉망진창인가? 하루에 집 안 청소에 어느 정도의 시간을 투자하는가? 충분한가? 너무 많은가? 너무 적은가?

현재 자신에게 맞는 효율적인 청소법이 없다면 내가 제시한 방법을 한번 따라 해보며 자신에게 맞는 나만의 청소법을 개발해보길 바란다.

마지막으로, 새로운 청소법을 시험할 때, 당신과 가족들의 심리상태 변화에 관심을 기울여라. 깨끗한 집을 갖는 것이 당신의 환경을 어떻게 변화시키는가? 일을 더 많이 할 수 있는가? 집에 있는 것을 더 즐기게 되었는가? 더 행복하다고 느끼는가? 집이 깨끗해서 나쁜 점이 있다면 무엇인가?

열한 번째

단계

우리 삶의
가장 좋은 것은
공짜다

돈으로 살 수 없는 것을 갖지 못했다면 당신은 진짜 부자는 아니다.

가스 브룩스

돈을 잃는 것은 많이 잃는 것이고,

친구를 잃는 것은 그보다 더 잃는 것이고,

믿음을 잃는 것은 전부 다 잃는 것이다.

엘리너 루스벨트

FREE

FREE

“여긴 천국이 분명해.” 반짝이는 옅은 파란 빛깔 물이 하얀 백사장에 부서지는 창밖 풍경을 바라보며 내가 말한다. 침실 네 개짜리 손님용 ‘오두막’ 베란다에서 벽토를 바른 흰 벽, 2층짜리 창문, 테라코타 타일 지붕으로 이루어진 궁전 같은 본채를 바라보며, 이제 무얼 해야 하나 생각해본다. 도착한 그 순간부터 모든 것이, 글쎄, 약간 어색하게 느껴진다.

“에이, 그러지 마. 재미있을 거야.” 나딘과 앤드류가 주말에 바닷가 오두막에 우리를 초대했을 때 척이 말했다. “무조건 가자. 백만장자하고 어울려서 우리와 다른 나머지 반이 어떻게 사는지 볼 기회가 얼마나 있겠어? 꼭 〈백만장자의 라이프 스타일〉[40]에 우리가 직접 출연하는 것 같잖아!”

나는 그다지 흥분되진 않았다. “우리가 그 사람들하고 과연 공통점이 하나라도 있을지 모르겠어. 우리가 별로 도움이 되지 않는 것 같은 기분이 드는 게 싫단 말이야. 지난번에 거기 갔을 때도 우리가 돈을 낼 수 없는 게 좀 기분이 이상했다고. 그리고 당신은 그 여자가 페이스북에 올린 거 못 봐서 그래. 두바이에 있는 호텔을 추천해달라고 하질 않나, 새로 들인 서러브레드 말 사진을 올리지 않나. 친해지기가 힘들어.”

척은 웃었다. “그 여자가 좀 과장하는 거라는 생각 안 들어? 돈이 많긴 해도 좋은 사람들이야. 간다고 하자. 공짜 휴가를 제안받은 거나 마찬가지잖아.”

40 1984년부터 1995년까지 방영되었던 미국의 TV 시리즈

분명히 휴가처럼 보였는데, 휴가처럼 느껴지지 않았다. 우리가 머물렀던 오두막은 너무도 사랑스러웠고, 우리가 머물렀던 그 어떤 호텔보다도 훌륭했다. 유리 타일을 붙인 샤워장에는 샤워기가 열네 개쯤 있었고, 욕실은 록시땅 욕실용품으로 채워져 있었다. 섬세하게 정돈된 킹사이즈 침대는 버터처럼 보드라웠고, 전문가용 주방을 보니 최근에 개조한 나의 주방이 부끄러워졌다. '해변풍의 캐주얼한' 거실에 있는 흰색 소파는 너무 깨끗해서 앉기가 겁날 정도였고, 80인치 평면 TV는 켜기가 너무 어려워서 결국엔 포기하고 말았지만, 셀 수 없이 버튼을 눌러댄 끝에 벽난로는 가까스로 켤 수 있었다.

이번 휴가의 문제는 시설이 아니었다. 뭔가 빠진 것 같았다. 어색했다. 우리가 과분한 대접을 받아서 그런 것일 수도 있었다. 우리 아이들은 그저 바닷가에서 뛰어놀고 싶어 했다. 그러나 우리는 주어진 일정표를 따라야 했고 일정표에는 테니스 레슨, 승마, 보트 유람, 본채에서의 저녁식사가 준비되어 있었다. 일정표에 적혀 있는 것들은 겉으론 재미있어 보였지만 실제로는 전혀 그렇지 않았다. 우리는 무얼 할지, 무슨 말을 해야 할지 알 수 없었다. 우리가 나누는 모든 대화가 우리가 모르는 분야에 집중되어 있었다. 말, 요트, 작년도 포도주 수확, 요즘 일할 사람 구하기가 얼마나 어려운지, 나딘과 앤드류가 다음에 어디로 여행을 갈지, 요즘 그들이 얼마나 따분한지. 그들은 우리의 삶에 대해 물어주지 않았다. 그런 생각이 스치지도 않는 것 같았다. 우리는 미소를 지으며 공손하게 고개를 끄덕였고 어떻게든 그들과 친해지려 노력했다. 달리 우리가 무엇을 할 수 있었겠는가? 우리는 손님이었다. '친구'처럼 행동하라고 돈 받고 고용된 사람들 같은 기분이 들었지만 우리는 감사해야 마땅했다.

더구나 이게 바로 내가 늘 꿈꿔온 삶이 아니던가?

문득 나딘과 앤드류가 가질 수 있는 모든 것을 가졌고, 대부분의 사람들이 꿈꾸는 것보다 훨씬 더 많이 가졌다는 생각이 들었다. 가장 좋은 동네에 여러 채의 집을 갖고 있고, 디자이너 브랜드의 옷, 요리사의 음식, 수십 대의 멋진 차, 필요에 따라 마음대로 부릴 수 있는 사람들까지. 그들은 아무 걱정이 없어 보였지만 특별히 행복해 보이지도 않았다. 물론 두 사람은 좋은 뜻으로 한 일이었겠지만 주말에 그들의 영지에 우리를 초대해주었음에도 불구하고 우리를 환대하진 않았다. 적어도 우리 마음을 편하게 해주지는 않았다. 바닷가에 앉아 모래성을 쌓는 것은 그들에겐 너무도 낯선 일이었다. 그들은 원하는 것을 얻기 위해 돈을 지불하는 데 너무 익숙해진 나머지 단순한 것들의 아름다움을 놓치는 것 같았다. 이를테면, 진정한 의미의 우정과 환대와 창의성 같은 것들 말이다. 그들은 즐거움을 만들기보다는 구매하고 있었다.

우리 삶에서 가장 훌륭한 것은 거의 다 공짜라는 사실을 그들은 모르는 것일까?

우정을 가꾸어라

마음 깊은 곳에서 누구나 사랑받고 또 인정받고 싶어 한다. 힘겨운 시간에 우리를 일으켜주고 앞으로 나아가게 해줄 특별한 우정을 갈구

한다. 우리는 함께 웃고, 함께 울고, 격려해줄 누군가를 갈망한다. 그러나 진정한 우정을 만들고 지키는 일을 버거워하는 사람이 많다. 사는 게 정신없이 바쁘다 보니 다른 사람의 삶은 고사하고 자신의 삶을 챙기기도 벅찬 게 사실이다. 우리는 페이스북의 가짜 인간관계를 위해 진짜 인간관계를 포기하면서, 우리가 쓴 글이 '좋아요'를 많이 받으면 친구들의 삶과 교류하고 있는 것이라고 스스로를 속인다.

그러나 세월이 흐르면서 나는 우정에 관한 가장 중요한 교훈이 가장 기본적인 진리임을 깨닫게 되었다. "친구를 얻으려면 먼저 친구가 되어라." 내가 아는 가장 외로운 사람은 가만히 앉아 누군가가 손을 뻗어주기를 기다리면서 왜 자기는 친구가 없는지 의아해한다. 그들은 무시당하고, 외면당하고, 아무도 자신을 원하지 않는다고 생각한다. 다른 사람들이 전혀 힘들이지 않고 우정을 키워가는 모습을 바라보며 분노를 느끼면서도, 먼저 다가가거나 미소와 친절한 말로 손을 내밀 생각은 하지 않는다. 나의 근황을 이야기하고 싶어서가 아니라 진심으로 궁금해서 친구의 안부를 물어준 게 언제였는가? 단지 안부를 묻기 위해 전화기를 들었던 적이, 단지 그들에게 필요할 것 같아서 먹을 것을 가져다준 적이 언제였던가? 점심식사에 친구를 초대했던 적이, 심지어는 잘 지내냐고 안부 문자를 보낸 적이 언제였던가?

좋은 친구가 되려면 노력과 의지가 필요하다. 그것은 기꺼이 당신 자신을 드러내놓고 거절의 위험을 감수하는 것을 의미하지만, 진정한 우정이라는 보상은 언제나 그 위험을 감수할 가치가 있는 것이다. 다음은 오래된 관계를 새롭게 하고 탄탄한 우정을 쌓아가는 데 필요한 몇 가지 실용적인 제안들이다.

목록을 만들어라. 보다 적극적으로 친밀한 우정을 키우고 싶은 친구와 친지들의 이름을 적어라. 연락이 끊긴 옛 친구들과 더 잘 알고 싶은 새로운 친구들을 모두 포함시켜라. 목록을 쉽게 손 닿는 곳에 놓아두고 그 목록에 올라 있는 사람들과 연락할 방법을 생각하라.

기도하라. 당신이 기도해주는 사람을 진심으로 아끼지 않는다는 건 거의 불가능한 일이다. 목록에 있는 사람들을 위해 매일 기도하라. 어떻게 기도해야 할지 모르겠다면 특별히 기도를 청할 만한 일이 있는지 전화나 문자로 물어라. 몇 년 전 내 친구가 갑자기 문자로 이번 주에 나를 위해 어떤 기도를 해주면 좋겠는지 물어왔다. 그 말에 너무도 감동을 받은 나는 나도 그렇게 해야겠다고 생각했다. 가끔은 잊을 때도 있지만 매주 월요일 아침에 가까운 친구 몇 명에게 짧은 문자를 보내고 그들의 필요에 따라 매일 짧은 기도를 하려고 노력한다. 거의 시간이 걸리지 않는 일이지만 나의 인간관계를 구축하고, 변화시키고, 심지어는 치유하는 데 너무도 중요한 역할을 하는 일이다.

시간을 투자하라. 우정이 당신의 삶에서 중요한 요소가 되게 하려면 바쁘더라도 친구들을 위해 의도적으로 시간을 내야 한다. 바쁠수록 더 시간을 내야 한다. 정기적으로 커피 타임이나 점심 약속을 잡을 수도 있고, 매달 여자들의 모임을 갖거나 커플들이 모여 야간 경기를 보러 갈 수도 있다. 번갈아 집에서 식사를 준비하거나 교회 예배가 끝나고 모여서 도넛을 먹을 수도 있다. 중요한 건 당신이 무얼 하느냐가 아니라 노력한다는 사실이다. 기꺼이 시간을 투자해야만 당신의 우정이 자라고 번창한다.

다가가라. 다른 사람이 다가올 때까지 기다리지 마라. 외면당하고 잊혀졌다고 비통해하며 시간 낭비하지 마라. 당신은 외면당하거나 잊힌 게 아닐 가능성이 높다. 그보다는, 당신을 더 이상 기억하지 않는다고 생각한 그 친구도 당신과 똑같이 바쁘거나, 삶의 무게에 짓눌렸거나, 외면당했다고 느낄 확률이 높다. 기꺼이 먼저 다가가서 보다 나은 우정을 만들어라. 그러면 그들도 화답할 것이다. 마찬가지로, 외롭고 혼란에 휩싸인 이들에게 관심을 가져라. 얼마 전에 이웃집에 이사 온 사람들, 교회에 새로 온 가족들, 한마디도 하지 않는 학부모 모임의 어느 엄마. 먼저 친절한 말이나 칭찬을 건네는 사람이 되고 그들에게 안부를 물어라. 타인에 대한 작은 관심이 우리를 얼마나 멀리 데려갈 수 있는지 알면, 아마 놀랄 것이다!

자비를 베풀어라. 친구들은 어쩔 수 없이 우릴 실망시킬 것이다. 우리 기분을 상하게 할 것이다. 우릴 화나게 할 것이다. 약속 장소에 나타나지 않거나, 황당한 소리를 하거나, 납득할 수 없는 결정을 내릴 것이다. 그들은 결점이 있고, 불완전하고, 부적절할 것이다. 한마디로 그들은 인간이다. 친구를 갖기 위해서는 친구가 되어야 하고, 궁극적으로 그것은 친구가 우리가 원하는 모습을 보여주지 않더라도 자비를 베풀어야 한다는 뜻이다. 필요할 때 그들을 용서하라는 의미이고, 나쁜 면 대신 좋은 면을 보아야 한다는 의미이고, 우리가 받고 싶은 대우를 그들에게 해주어야 한다는 의미이다.

사람들은 저마다의 작은 세상 속에 매몰되어 살아가면서 우정을 키우는 것을 잊어버리는 경향이 있다. 그렇다고 해도 아무 대가를 바라지 않고 다가가 진정한 우정을 키워가는 것은 우리가 할 수 있는 일 중 가장 보람 있고 의미 있는 일이다. 멋진 친구가 될 기회를 놓치지 말기를!

'진정한 우정은 공짜다.'

정성껏
대접하라

우정과 환대는 함께 간다. 우리는 종종 아름다운 집을 자랑하고 핀터레스트에 올려놓을 정도로 완벽한 파티를 준비하고 환상적인 요리 솜씨를 선보이는 것을 환대라고 착각하는 오류를 범한다. 유명 디자이너의 인테리어, 티끌 하나 없는 욕실, 요리사의 음식으로 손님들에게 좋은 인상을 주는 것에 집착한 나머지, 그들이 환영받고 있다고 느끼도록 해주어야 한다는 사실을 잊는다. 우리 집이 딱히 우리가 원하는 모습이 아니어서, 혹은 근사한 메뉴를 준비할 수가 없어서 사람들을 초대할 수 없다고 생각한다. 환대가 우리 집의 상태나 우리가 내놓는 음식과는 거의 상관없는 것임을 깨닫지 못한다. 내 친구 에디의 말처럼 "환대는 우리의 완벽한 집으로 사람들을 초대하는 것이 아니라 우리의 불완전한 마음으로 사람들을 초대하는 것"이다.

우리 집에 온 손님들이 마음 깊은 곳에서 진정으로 원하는 것은, 특급 호텔 수준의 집이나 섬세한 손길로 매만진 침대 스프레드가 아니라 내 집 같은 편안함이다. 그들이 필요한 존재인 것 같은 기분, 한 가족인 것 같은 기분을 느끼는 것이다. 세상의 돈을 전부 다 준다고 해도 그런 환대는 살 수가 없다. 왜냐하면 그것은 돈을 주고 살 수 있는 게 아니라 마음에서 우러나는 것이기 때문이다. 진정한 환대는 손님과 함께 앉아 그들의 일상과 그들의 삶에 대해 물어주고, 그들의 눈을 바라보면서, 우리의 말과 행동으로, 그들이 곁에 있어서 우리가 즐겁다는 것을 알려주는 것이다. 그들이 우리 집에 머무는 것이, 불편하거나 부담되는 것이 아니라, 기쁨임을 느끼게 해주는 것이다. 그들의 필요에 따라 우리의 관심과 참여를 제공하는 것이다. 진정한 환대는 우리가 중심이 되는 것이 아니라 손님이 중심이 되는 것이다.

성경에서도 환대가 다른 사람에게 우리의 사랑을 보여주는 것임을 반복해서 증언하고 있다.

> '너희는 내가 굶주릴 때 먹을 것을 주었고 목마를 때 마실 것을 주었으며 나그네 되었을 때 너희 집으로 맞아들였고 벗었을 때 입을 것을 주었고 병들었을 때 간호해주었으며 갇혔을 때 찾아주었다.'
> 그러면 의로운 사람들이 '주님, 언제 우리가 주님이 굶주리신 것을 보고 음식을 대접하였으며 목마르신 것을 보고 마실 것을 드렸습니까? 언제 우리가 주님이 나그네 되신 것을 보고 우리 집으로 맞아들였으며 벗으신 것을 보고 입을 것을 드렸습니까? 또 언제 우리가 주님이 병드신 것을 보고 간호해드렸으며 갇혔을 때 찾아갔습니까?' 하고 말할 것이다.
> 그때 왕은 그들에게 '내가 분명히 말하지만 너희가 이들 내 형제 중에

아주 보잘것없는 사람 하나에게 한 일이 바로 내게 한 일이다' 하고 말할 것이다.

마태복음 25장 35절-40절

가난한 성도들을 돕고 손님 대접하는 일을 힘쓰십시오.

로마서 12장 13절

나그네를 대접하기를 소홀히 하지 마십시오. 어떤 이들은 나그네를 대접하다가, 자기들도 모르는 사이에 천사들을 대접하였습니다.

히브리서 13장 2절

무엇보다도 열심으로 서로 사랑하십시오. 사랑은 많은 죄를 덮어줍니다. 불평하지 말고 서로 대접하십시오.

베드로전서 4장 8절-9절

환대를 보여주는 것이 여전히 엄두가 나지 않는다면, 손님들을 편안하게 해줄 몇 가지 방법이 있다.

필요를 예측하라. 손님의 입장에 자신을 대입해보는 것만으로도 할 수 있는 일이다. 도착했을 때 그들이 배가 고플까 아니면 목이 마를까? 긴 자동차 여행, 혹은 비행기 여행으로 피곤할까? 더운 날이라 더위를 식혀야 할까? 아니면 추운 날이라 몸을 데워야 할까? 화장실을 사용하고 싶을까? 신경 써야 할 건강상의 문제가 있을까? 계단을 오르내리기가 힘이 들까? 아니면 어린아이들을 위해 집 안을 재정비하고 위험을 예방해야 할까? 손님들이 도착했을 때 어떤 기분일지 예측해보고, 실제로 그들을 최대한 편안하게 배려한다면 그것만으로도 큰 변화를 일으킬 수 있다.

미리 계획하라. 손님들이 부담이 된다고 느끼지 않게 하는 가장 좋은 방법은 그들 앞에서 수선을 떨지 않는 것이다. 마지막 순간까지 준비를 게을리하지 말고, 손님들에게 당신이 그들을 배려하고 있으며 그들이 와주어서 기쁜 마음을 보여주어라. 저녁식사를 준비한다면 손님이 도착하기 전 최대한 많이 준비해두고, 손님이 도착하면 그들에게만 관심을 기울여라. 하룻밤 묵어가는 손님들이라면 어느 방에서 자게 할지 미리 생각해두고 침대를 정돈해두어라.

대화를 나누어라. 상대방이 말을 하게 만들고 대화가 자연스럽게 흘러가게 할 수 있는 가장 빠르고 가장 확실한 방법은 그들에 관한 몇 가지 질문을 던지는 것이다. 그들이 하는 말에 관심을 갖고 그들의 대답을 들어라. 때로는 타인의 삶과 생각에 진지한 관심을 보여주는 것만으로도 그들을 편안하게 만들 수 있다. 여러 명의 손님이 오는 큰 모임을 주선하는 경우라면 새로 온 사람들을 소개하는 것은 물론 대화가 이어지도록 해야 한다. 파티에 갔는데 아는 사람 한 명 없고 아무도 말을 걸어주지 않을 때가 있었는가? 당신의 손님들에겐 절대로 그렇게 하지 마라! 대신 그들의 공통점을 알려주어서 새로 온 사람을 소개하려 노력하라.

미소 지어라. 단순한 미소는 사람들을 편안하게 만드는 데 큰 도움이 된다. 당신이 스트레스를 받았거나 따분해하거나 짜증이 나 있으면 손님들도 알아차릴 것이고 그들은 손님이라기보단 침입자 같은 기분을 느낄 것이다.

어색한 상황을 만들지 마라. 다시 한 번 강조하지만, 손님을 편안하게 하려면 그들의 입장이 되어 그들이 원하는 것을 예측할 수 있어야 한다. 언젠가 친구의 농장에 방문한 적이 있다. 우리는 말을 타고 낚시를 할 거라고 기대하고 있었는데 친구는 멋진 레스토랑에 갈 준비를 하고 있었다. 우리는 그런 레스토랑에 갈 준비가 전혀 되어 있지 않았고 옷도 갖추어 입지 않은 상황이었다.

식사를 준비하면서 불미스러운 사고가 나지 않도록 음식에 관한 금기나 알레르기가 있는지 미리 물어보아라. 마지막으로, 무슨 일이 있어도 손님들에게 당신과 당신 남편의 의견이 충돌할 때 어느 한쪽 편을 들도록 강요하지 마라!

우리가 가진 것으로 사람들을 감동시키는 것이 환대라는 생각을 버린다면, 문득 주위의 모든 사람에게 우리가 어떤 사람인지 보여줄 수많은 기회가 있음을 깨닫게 될 것이다. 준비될 때까지 기다리지 마라. 어쩌면 영원히 준비가 되지 않을지도 모른다. 사람들을 초대하라. 친구들, 가족들, 심지어는 낯선 사람들까지, 당신의 불완전한 마음으로 최대한 자주 초대하라. 후회하지 않을 것이다.

'진정한 환대는 공짜다.'

창의성을 길러라

때로 우리는 창의성을 발휘해야만 하는 상황이 되기 전에는 우리가 얼마나 창의적인지 깨닫지 못한다. 마트에 가기는 쉽다. 원하는 물건을 사기는 쉽다. 그런 일에는 상상력도, 획기적인 발상도, 독창적인 생각도 필요치 않다. 단지 그게 거기 있다는 이유만으로 우리는 눈에 띄는 물건을 산다. 그러나 재미있는 사실은, 창의성은 풍족할 때보다 결핍상태에서 발휘된다는 점이다. 덜 가질수록 더 창의적일 수밖에 없다. 때로 창의성을 계발하는 것은 우리의 한계와 제한을 감싸 안는 법을 배우는 것에 다름 아니다.

손재주가 곧 창의성은 아님을 명심해야 한다. 나는 항상 내가 '손재주가 뛰어난' 사람이라고 생각했다. 톱질을 즐기고, 온갖 물건들을 DIY로 만들고, 마드파지 프로젝트[41]는 보는 것마다 전부 다 좋아했지만, 그중 어떤 것도 나를 '창의적'이게 하진 않았다. 나는 온라인 사이트를 돌아다니면서 핀터레스트를 비롯한 여러 사이트의 멋진 프로젝트를 따라 했지만 정작 나 혼자 무언가 만들어본 적은 없었다. 반면 남편은, 분명히 손재주는 전혀 없는 사람이다. 그는 골수 엔지니어이고, 체계적이고 철저한 완벽주의자다. 하지만 문제 해결능력에 있어서는 너무도 창의적이다. 그는 닥친 문제를 다양한 각도에서 체계적으로 검

41 세계 최대 미술 재료 회사인 플레이드 사에서 만드는 공예용 접착제 마드파지를 이용한 공예 프로젝트

토하고 나로서는 백만 년이 지나도 생각해낼 수 없는 아이디어를 내곤 한다. 접착제나 톱을 다루는 솜씨는 영 형편없는데 부엌에서는 천재적인 창의성을 보이는 친구도 있고, 다시 한 번 생각해보게 만드는 아름답고 가슴 저리는 감사 편지를 쓸 줄 아는 친구도 있다. 누구나 어느 한 분야에서는 창의적이다.

창의성은 공예용품 전문점으로 달려가는 것이 아니다. 그것은 당신이 이미 가지고 있는 자원을 활용하여 기꺼이 틀을 깨고, 전혀 새롭고 혁신적인 방식으로 생각해보는 것이다. 기꺼이 도전해보고 실패해보는 것이다. 우리 모두가 모든 걸 다 잘할 수는 없다. 그러나 시도해보기 전에는 모르는 일이다!

당신의 삶을 보다 창의적으로 가꾸어갈 몇 가지 방법을 소개한다.

더 읽어라. 매주 독서에 어느 정도의 시간을 할애하는가? 많이 읽을수록 많이 알게 되고, TV를 보는 것과 달리, 독서는 당신의 두뇌활동을 촉진시키고 향상시킨다. 닥치는 대로 전부 다 읽어라. 신문 칼럼에서부터 잡지 기사, 책, 소설이건 아니건 다 읽어라. 그리고 아이들에게 읽어주어라. 동화책은 언제나 훌륭하다! 꾸준히 읽어라.

명상하라. 때때로 한 발짝 물러서는가? 사람, 사건, 그리고 일상의 이런 저런 일에 대해 생각할 시간과 공간을 자신에게 허락하라. 자아 성찰의 시간을 갖고 당신의 상황에 대해 생각해볼 수 있는 곳에서 일기를 써라.

질문하라. 당신의 주변에서 일어나는 일에 대해 더 잘 알고 싶은가? 세상을 겉으로만 보지 말고 기꺼이 깊이 파고들어라. '왜, 어떻게, 언제'라는 질문을 던져보고, 안 되는 일은 왜 안 되는지도 생각해보라.

관심을 가져라. 마음을 다해 귀 기울이고 있는가? 시간을 갖고 사람들이 하는 이야기를 진지하게 들어주고 실제로 무슨 일이 일어나고 있는지 파악하라. 전화와 태블릿을 치우고 우리가 사는 세상의 진실을 보고 듣고 흡수하라.

놀아라. 마지막으로 아이들과 성심껏 놀아준 게 언제였는가? 레고이건, 인형이건, 색칠공부이건, 바닥에 엎드려 몰입하기를 두려워 마라. 마찬가지로 밖에서 시간을 보내고, 숨바꼭질을 하고, 술래잡기를 하고, 단지 재미로 깡통 차기를 해라.

영감을 기록하라. 영감이 떠오를 때 바로 기록할 준비가 되어 있는가? 특정한 일을 할 때, 말하자면 침대에 누워 있을 때나 바닥 청소를 할 때 영감이 떠오르는 편이라면 떠오르는 생각들을 기록할 간편한 방법을 찾아라. 나는 운전할 때 좋은 생각이 많이 나는 편이라 잊어버리지 않도록 아이폰을 이용하여 녹음한다.

쉬어라. 잠을 충분히 자고 있는가? 우리의 뇌는 재충전하면서 활기를 되찾을 시간이 필요하고 그렇게 할 수 있는 유일한 방법은 잠을 자는 것이다. 충분한 수면을 취하는 것이야말로 내가 가장 못 하는 일이지만, 충분한 수면을 취했을 때 하루를 버틸 에너지가 더 많아지고, 질병을 물리칠 면역력이 더 강해지고, 두뇌활동이 활발해져서 보다 창의적일 수 있다.

주위 사람들의 창의성을 계발하고 즐겨라. 다른 사람의 재능을 축복하는 것도 당신 자신의 삶에서 영감을 얻는 훌륭한 방법이다. 그들과 같은 재능을 갖고 있지 않다는 이유로 그들을 시기하거나 질투하는 대신, 친구들이 당신의 삶에 가미할 독특함을 즐기는 것을 스스로에게 허락하라. 친구가 잘하는 게 있으면 가르쳐달라고 혹은 지식을 나누어달라고 부탁해볼 수도 있고 당신의 재능을 나누는 것으로 보답할 수도 있다.

영감은 어디에나 있다. 때로는 그저 눈을 똑바로 뜨는 것만으로도 우리 바로 앞에 놓인 아름다움을 볼 수 있다. 일상의 의무들, 경제적인 스트레스, 실망과 비극으로 인한 상심, 혹은 친한 친구가 없어서 느끼는 외로움에 짓눌려 정신없이 살아가기란 너무도 쉽다. '우리가 갖지 못한' 재능, 능력, 자원에 집착하느라 정작 우리 자신의 삶은 물론이고 주변 사람들의 삶까지 풍요롭게 할 수 있는 '우리가 가진 것들'을 보지 못한다.

어떤 형태이건 창의성을 계발하고 포용함으로써 보다 나은 삶을 살 수 있다. 진정한 기쁨과 만족은 우리 손으로 문제를 해결하거나, 역량을 최대한 발휘하거나, 아름다운 것을 만들어낼 때 얻을 수 있는 것이다. 그리고 진정한 창의성은 공짜다.

도전 과제

가장 소중한 것을 포용하라

현재 당신의 우정을 점검하라. 우정이 번창하고 있는가 아니면 허우적거리고 있는가? 왜 그런가? 혹은 왜 그렇지 않은가? 어떻게 하면 우정을 더 단단하게 만들 수 있는가? 몇 주에 걸쳐 당신이 다가가고 싶은 친구들과 친지들의 이름을 적어라. 그리고 한 사람 한 사람에게 다가갈 방법을 찾아라. 전화를 할 것인가? 편지를 보낼 것인가? 점심식사 혹은 커피를 마시자고 할 것인가? 그 친구들을 위해 기도를 하고 그들과의 우정을 키워나가기 위해 의식적인 노력을 시작하라.

시간을 갖고 환대에 대한 당신의 생각을 정리해보라. 사람들을 초대하는 것을 즐기는가? 평상시에 피하는 일인가? 어떻게 하면 환대를 당신 삶의 우선순위로 만들 수 있는가?

마지막으로, 당신의 삶에서 창의성의 역할에 대해 생각해보라. 당신에게 주어진 재능을 당신과 주위 사람들의 삶을 풍요롭게 하는 데 어떻게 사용하고 있는가? 어떻게 하면 창의성을 더 계발할 수 있는가?

열두 번째

단계

베푸는 게
남는 것이다

행복은 받을 때가 아니라

베풀 때 오는 것이다.

벤 카슨

나의 형제자매 여러분, 누가 믿음이 있다고 말하면서도 행함이 없으면, 무슨 소용이 있겠습니까? 그런 믿음이 그를 구원할 수 있겠습니까? 어떤 형제나 자매가 헐벗고, 그날 먹을 것조차 없는데, 여러분 가운데서 누가 그들에게 말하기를 “평안히 가서, 몸을 따뜻하게 하고, 배부르게 먹으십시오.” 하면서, 말만 하고 몸에 필요한 것들을 주지 않는다고 하면, 무슨 소용이 있겠습니까? 이와 같이 믿음에 행함이 따르지 않으면, 그 자체만으로는 죽은 것입니다.

야고보서 2장 14절-17절

'어떻게든 안 갈 수 있으면 좋겠는데…….' 자명종이 울리는 순간 나는 생각한다. 스누즈 버튼을 한 번 더 누를까. 긴 한숨을 내쉰다. 도대체 어쩌자고 올해도 주일학교 수업을 하겠다고 나섰는지. 지금 이 순간 내가 원하는 건 오직 하나, 아늑한 침대에서 아침 내내, 어쩌면 하루 종일, 뒹구는 것뿐이다. 어쨌든 오늘은 일요일이니까. 일요일은 쉬는 날 아닌가? 일주일 내내 무지하게 열심히 일했는데. 내가 왜 단 하루 쉬는 날을 포기하고 2학년, 3학년 아이들한테 집에 돌아가자마자 잊어버릴 것들을 가르쳐주어야 할까? 아프다고 취소할까 보다.

그러나 아프다고 취소할 수가 없다. 날 믿는 사람들이 있고, 그들을 실망시킬 수 없다. 나는 마지못해 침대에서 몸을 끌어냈고, 커피 한 잔을 따랐고, 그날 수업을 준비하기 위해 자리에 앉았다.

이번 달에는 다윗 이야기를 하고 있다. 다윗에 관해서는 많이 읽어보지 못했다. 기도 시간에는 보다 실용적이고 이해하기 쉬운 교훈이 담긴《신약성서》를 주로 읽기 때문이다. 오늘의 이야기 사무엘상 16장, 사무엘이 다윗을 선택하고 성유를 바르는 대목을 찾아본다.

사무엘은 주님으로부터 베들레헴으로 가서 이새의 아들을 새 왕으로 기름 부어 세우라는 명을 받았다. 이새가 그의 아들들을 불러 세웠고 사무엘은 곧바로 크고 잘생긴 맏아들을 마음에 들어 했다. 이 사람이 그 사람이겠지, 사무엘이 속으로 생각했다. 그러나 그 사람이 아니었다. 주님이 사무엘에게 이르시기를, "너는 그의 준수한 겉모습과 큰 키만을 보아서는 안 된다. 그는 내가 세운 사람이 아니다. 나는 사람이 판단하는 것처럼 그렇게 판단하지는 않는다. 사람은 겉모습만을 따라 판단하지만, 나는 마음을 본다"(7절)라고 말씀하셨다. 알고 보니 다윗은 보잘것없고, 특별하지도 않고, 왕이 될 사람처럼 보이지 않아 아예 초대조차 받지 못했던 것이다. 그는 양을 도맡아 돌보는 사람이었다.

자리에 앉아 커피를 마시며 잠에서 깨어나려고 애쓰는 동안 나는 그 이야기에 완전히 빠져들었다. 이것은 내가 상상하는 위대하고 전지전능한 다윗왕의 모습이 아니었다. 그러나 메시지는 너무도 분명했다. 하나님은 우리가 보는 대로 보지 않으신다는 것.

한 시간 뒤, 나는 주일학교 교실의 딱딱한 바닥에 전혀 푹신함을 제공해주지 않는 네모난 카펫 위에 앉아 있다. 환한 빛깔로 칠한 벽과 잠시도 가만히 있지 못하는 일곱 살, 여덟 살짜리 아이들에게 둘러싸인 채 어디서부터 시작해야 할지 몰라 의욕 넘치는 아이들의 얼굴만 바라본다. "사람들이 너희들의 외모만 보고 판단할 때가 있니?" 내가 묻는다.

몇몇 아이가 무슨 얘긴지 안다는 듯 고개를 끄덕인다. "사람들이 절 보고 눈이 네 개래요." 안경 쓴 남자아이가 먼저 입을 열었다. 그의 곁에 앉아 있던 어린 소녀가 끼어들었다. "지난주에 어떤 애가 제 셔츠를 보고 놀렸어요. 촌스럽대요." 아이들이 번갈아 자신의 경험을 이야기했다. 아이들이 이미 어떤 식으로든 겉모습 때문에 놀림을 받은 적이 있다는 사실에 마음이 아팠다.

"하지만 너희들 그거 아니?" 다윗의 교훈을 알려주고 싶어서 흥분한 상태로 내가 말한다. "하나님은 사람들이 보는 것처럼 보지 않으신다는 거? 하나님은 우리 옷이나 머리, 안경, 커다란 귀를 보지 않으셔. 우리 마음을 보시지."

우리는 다시 번갈아가며 각자의 경험을 나누었고 이번에는 내가 아이들에게 겉모습만으로 다른 사람들이 알 수 없는 게 무엇인지 묻는다. "친절한 언니라는 거? 아니면 훌륭한 화가라는 거? 축구를 엄청 잘한다는 거?" 아이들은 자신의 장점에 대해 빨리 말하고 싶어 안달이 났다. 주일학교 친구들이 알지 못할 수도 있는 것들에 대해서. 우리는 다윗과 사무엘, 하나님이 다윗을 그의 마음을 보고 선택하신 것에 대해 이야기했고 나는 아이들이 그 메시지를 받아들이고 있다는 것을 느꼈다.

나는 이 아이들을 사랑한다. 문득 아이들의 삶에 작게나마 감동을 전해줄 수 있다는 게 얼마나 놀라운 축복이고 특권인지 깨달았다. 감사합니다, 하나님! 나는 조용히 기도했다. 오늘 절 이곳으로 오게 해주셔서 감사합니다. 이 아이들과 이 순간을 함께할 수 있어서 감사합니다. 오늘 수업에서 아이들보다 내가 더 많이 배운 게 분명하다. 어떻게 보면 놀랄 일도 아니다. 베풀 때 더 많이 받는다는, 지극히 단순하고도 아름다운 진리일 뿐이다.

욕심을 버려라

주위 사람들에게서 탐욕을 발견하기란 어렵지 않다. 조금이라도 더 큰 파이 조각을 가지려고 안달하는 만족할 줄 모르는 친구도 있고, 눈곱만치도 베풀 줄 모르는 친척도 있다. 때로 우리가 생각하는 욕심은 스크루지 영감처럼 한쪽 구석에 웅크리고 앉아 굶주린 이웃들은 아랑

곳하지 않고 돈을 세는 모습에 국한되어 있다.

우리 자신에게서 항상 그런 이기심을 발견하기란 쉽지 않다.

그러나 탐욕은 다양한 형태로 나타나고 돈과는 상관없는 것일 때도 많다. 너그러워지기가 쉽지는 않다. 우리의 재물을, 우리의 재능을, 우리의 사랑을, 우리의 돈을 꼭 움켜쥐는 건 대부분의 인간에게 자연스러운 본능이다. 인간의 내면을 파고들어 가보면, 나누고 싶어 하지 않는다. 왜 나누겠는가? 나누는 것은 우리가 덜 갖는 것을 의미하는데. 그랬다가 바닥날지도 모르는데. 제대로 돌려받지 못할지도 모르는데. 가진 것이 점점 줄어들고 우리의 존재가 줄어들지도 모르는데. 그래서 우리는 인색하게 군다.

자신에게 진정 정직하다면, 다음 질문에 어떻게 답하겠는가?

> 나는 시간에 인색한가? 나는 나 자신이 추구하고 열망하는 것에 소중한 시간을 집중하여 쓰고 있는가? 혹은 의식적으로 다른 사람을 위해 하루의 일부를 할애하는가?

> 나는 노동에 인색한가? 다른 사람들에게 무거운 짐을 들게 하고 물러나 앉아 노동의 열매를 즐기는가? 아니면 필요하면 기꺼이 나서서 손을 더럽히는가?

> 나는 지원에 인색한가? 내가 희생을 감수해야 하는 일에 참여하기를 거부하는가? 아니면 비록 고되고 인기 없는 일이라 해도, 옳은 일을 위해 기꺼이 나서는가?

영적 성장에 인색한가? 내가 하는 작은 봉사를 내가 누군가에게 베푸는 행위라고 생각하는가? 그게 아닌 반대로 내가 도움받는 일이라 여기는가? 내가 필요한 곳에 언제든 도움의 손길을 뻗고 봉사할 수 있는가? 그 일이 아주 작고 초라한 일일지라도 그렇게 할 수 있는가?

가장 좋은 것은 나 자신을 위해 아껴두는가? 내가 원하는 것을 먼저 고르고 선택한 다음 주변 사람들에게 베푸는가? 아니면 내 몫이 남아 있을지 걱정하지 않고 먼저 베푸는가?

나는 친절에 인색한가? 나는 다른 사람을 추어올려 주어야 할 때 의도적으로 깎아내리는가? 공짜로 줄 수도 있는 미소와 웃음을 낯선 사람들에게는 베풀지 않는가?

나는 사랑에 인색한가? 친구들과 가족에게 조건을 달거나 상황을 봐가면서 그들의 실적에 따라 사랑을 베푸는가? 혹은 대가를 바라지 않고 자유롭게 무한대로 관대하게 베푸는가?

나는 금전에 인색한가? 필요한 사람을 위해 기꺼이 지갑을 열고 너그럽게 돈을 내어주는가? 그것이 비록 나의 돈이 줄어드는 것을 의미할 때조차도?

당장의 만족을 위해 미래의 수확을 포기하는가? 나는 끊임없이 나중에 후회하게 될 결정을 내리는가? 이를테면, 과식 혹은 과소비를 하는가?

단지 지금 당장 기분이 좋을 거란 이유로 그렇게 하는가?

끊임없이 "그게 나한테 무슨 도움이 되는데?"라고 묻는가? 내가 어떻게 봉사할 수 있으며 주변 사람들에게 어떤 영향을 줄 수 있는지보다는 내가 얻는 것이 있어야만 행동할 의욕이 생기는가?

우리의 욕심과 이기적인 마음은 결코 채워지지 않는다. 적어도 이 세상에 있는 것들로는. 우리는 '내가 먼저'라는 정서가 지배적인 문화 속에서 살고 있다. "기분 좋은 일을 하라. 이기적이어도 상관없다. 나는 나를 선택한다." 같은 것은 이제 냉장고 자석이나 범퍼 스티커에 붙어 있을 만큼 흔한 구호이다. 우리는 원하는 것은 가져야 하고 다른 사람과 나눌 필요는 없다는 말에 속는다. 우리 몫을 제대로 챙겼는지가 가장 먼저 하는 큰 걱정이다. 다른 사람들에게서 자기만 생각하는 태도를 발견하기는 참으로 쉽지만 사실은 우리 자신도 어떤 식으로든 조금은 인색하다고 감히 말하고 싶다.

그게 현실이라 해도 이제 우리는 다른 방식으로 살아야 한다. 성경은 탐욕과 이기심에 대한 단호한 경고로 가득 차 있다.

여러분은 세상이나 세상에 있는 것들을 사랑하지 마십시오. 누가 세상을 사랑하면, 그 사람 속에는 하늘 아버지에 대한 사랑이 없습니다. 세상에 있는 모든 것, 곧 육체의 욕망과 눈의 욕망과 세상 살림에 대한 자랑은 모두 하늘 아버지에게서 온 것이 아니라, 세상에서 온 것이기 때문입니다. 이 세상도 사라지고, 이 세상의 욕망도 사라지지만, 하나님의 뜻을 행하는 사람은 영원히 남습니다.

요한1서 2장 15절-17절

욕심이 많은 사람은 다툼을 일으키지만, 주님을 의뢰하는 사람은 풍성함을 누린다.

잠언 28장 25절

우리는 풍요롭고, 넘쳐나고, 극단적인, 거의 비이성적인 수준으로 관대한 삶을 살기 위해 태어났다. 예수가 우리를 사랑하고 섬기었듯이 사람들을 사랑하고 섬기고, 이웃을 우리 자신처럼 사랑하라는 것이 하나님의 뜻이다. 그런 사랑과 봉사는 적어도 오늘날의 세상에서는 전혀 말이 되지 않는다. 그러나 성경은 우리에게 요구하는 바를 분명히 한다.

너에게 달라는 사람에게는 주고, 네 것을 가져가는 사람에게서 도로 찾으려고 하지 말아라. 너희는 남에게 대접을 받고자 하는 대로 남을 대접하여라.

누가복음 6장 30절-31절

"나는 모든 일에서 여러분에게 본을 보였습니다. 이렇게 힘써 일해서 약한 사람을 도와주는 것이 마땅합니다. 그리고 주 예수께서 친히 '주는 것이 받는 것보다 더 복이 있다' 하신 말씀을 반드시 명심해야 합니다."

사도행전 20장 35절

여러분이 각자 받은 은혜의 선물이 무엇이든 간에 하나님의 여러 가지 은혜를 맡은 선한 관리인답게 서로를 섬기는 데 그것을 사용하십시오.

베드로전서 4장 10절

요점은 이러합니다. 적게 심는 사람은 적게 거두고, 많이 심는 사람은 많이 거둡니다. 각자 마음에 정한 대로 해야 하고, 아까워하면서 내거나, 마지못해서 하는 일은 없어야 합니다. 하나님께서는 기쁜 마음으로 내는 사람을 사랑하십니다.

고린도후서 9장 6절-7절

형제자매 여러분, 하나님께서는 여러분을 부르셔서, 자유를 누리게 하셨습니다. 그러나 여러분은 그 자유를 육체의 욕망을 만족시키는 구실로 삼지 말고, 사랑으로 서로 섬기십시오. 모든 율법은 "네 이웃을 네 몸과 같이 사랑하여라" 하신 한마디 말씀 속에 다 들어 있습니다.

갈라디아서 5장 13절-14절

우리의 돈과 자원과 시간과 재능 그리고 우리의 마음을 무상으로 내주라는 것은 요구가 아니라 명령이다. 관용은 선택이 아니라 의무이다. 이웃을 내 몸처럼 사랑하라는 것은 한 번의 행위가 아니다. 그것은 삶의 방식이다. 봉사는 마음의 상태다. 봉사는 빌립보서에 나타난 것처럼 우리 마음과 이성의 변화를 필요로 한다.

그러므로 그리스도 안에서 여러분에게 무슨 격려나, 사랑의 무슨 위로

나, 성령의 무슨 교제나, 무슨 동정심과 자비가 있거든, 여러분은 같은 생각을 품고, 같은 사랑을 가지고, 뜻을 합하여 한마음이 되어서, 내 기쁨이 넘치게 해주십시오.

무슨 일을 하든지, 경쟁심이나 허영으로 하지 말고, 겸손한 마음으로 하고, 자기보다 서로 남을 낫게 여기십시오. 또한 여러분은 자기 일만 돌보지 말고, 서로 다른 사람들의 일도 돌보아주십시오. 여러분 안에 이 마음을 품으십시오. 그것은 곧 그리스도 예수의 마음이기도 합니다.

그는 하나님의 모습을 지니셨으나, 하나님과 동등함을 당연하게 생각하지 않으시고, 오히려 자기를 비워서 종의 모습을 취하시고, 사람과 같이 되셨습니다.

빌립보서 2장 1절-7절

탐욕을 숭배하는 세상은 항상 우리가 이기적이기를 원하지만 예수는 우리를 다른 길로 이끈다. 그리고 세상이 알지 못하는 비밀이 있다면 바로 예수의 관용은 우리가 베풀 수 있는 그 어떤 것보다 항상 더 넘친다는 것이다. 많이 베풀수록 우리는 예수의 사랑, 그의 기쁨 그의 평화로 채워진다.

시간과 재능을 베풀어라

우리는 종종 관용을 물질적인 선물의 개념으로 생각한다. 기꺼이 수표를 써주는 사람이 관대한 사람이라고 생각한다. 꼭 그렇지는 않다. 앞서 확인했듯이, 관용은 우리의 마음과 정신에서 예수와 같은 겸손, 기꺼이 봉사하려는 마음과 함께 시작된다. 나는 감히 말하고 싶다. 우리 모두가 다른 사람과 나눌 수 있는 축복과 재능과 능력을 지니고 있다고. 도랑에서 손을 더럽히는 것이 기부를 하고 돌아서는 것보다 훨씬 어려운 일이다.

지역사회에서, 교회에서, 아이들의 학교에서, 이웃으로서, 가족 안에서, 다른 사람을 위해 무슨 일을 하고 있는지 마지막으로 잠시 멈추어 생각해본 것이 언제였던가? 당신의 노력을 아무도 고마워하지 않고 심지어는 거의, 어쩌면 전혀 알아주지 않는 자원봉사를 했던 것이 언제였던가? 때로 봉사활동을 하는 데 있어 가장 큰 장벽은 어떤 봉사를 해야 할지 모른다는 것이다. 작가 루스 스태퍼드 필은 언젠가 자신의 인생모토가 "결핍을 찾고 그것을 채우는 것"이라고 말한 적이 있다. 그런 생각은 아주 훌륭한 출발이다. 가만히 살펴보면 우리가 봉사할 일들의 목록은 거의 무한대임을 깨닫게 될 것이다.

다음은 당신의 시간과 재능을 나눌 수 있는 몇 가지 실용적인 제안이다.

당신이 요리를 좋아한다면

- 아픈 친구, 이웃, 혹은 바깥출입을 못 하는 사람들에게 식사를 가져다준다.
- 지역 소방관, 경찰관, 교사 혹은 다른 공무원들을 위해 과자를 만든다.
- 인근의 무료 급식소나 여성 쉼터의 주방에서 자원봉사를 한다.

• 교회의 청소년 혹은 어린이 프로그램을 위해 식사를 제공하고 봉사한다.
• 대학생이나 군인에게 간식 꾸러미를 보낸다.

당신이 아이들을 잘 다루는 사람이라면

• 맏형, 맏언니가 되어준다.
• 지역 청소년 단체와 함께 자원봉사를 한다.
• 방과 후 프로그램의 방문교사가 된다.
• 공공 도서관이나 학교에서 책 읽어주기 봉사를 한다.
• 아이들의 교실에서 학부모 도우미가 된다.
• 교회 놀이방에서 자원봉사를 한다.

동물을 사랑한다면

• 노인들의 애완동물을 돌보아준다.
• 지역 동물 보호소에서 자원봉사를 한다.
• 지역 야생동물 보호소에서 자원봉사를 한다.

노래를 잘하거나 악기를 연주할 줄 안다면

• 교회 성가대에서 노래를 하거나 밴드에서 연주한다.
• 불우한 어린이들에게 무료 음악 강좌를 한다.
• 양로원이나 학교에서 무료로 노래를 부르거나 악기를 연주한다.

당신이 외향적인 사람이라면

- 지역 양로원이나 노인 보호시설의 노인들을 방문한다.
- 크리스마스 때 구세군 종을 울린다.
- 지역 보호소에 음식을 배달한다.
- 지역 중고품 가게에서 자원봉사를 한다.
- 수업을 개설하여 가르친다.

당신이 내성적인 사람이라면

- 지역 도서관에서 자원봉사를 한다.
- 지역 무료 급식소의 주방에서 일한다.
- 지역사회 노인들을 위한 일대일 친목 단체에 가입한다.
- 헌혈한다.
- 교사, 친구, 이웃, 군인, 죄수, 그 밖에 외롭고 좌절한 사람들에게 편지나 카드를 쓴다.

당신이 운동이나 야외활동을 좋아하는 사람이라면

- 지역의 장애인 올림픽에서 자원봉사를 한다.
- 지역 공원에서 자원봉사를 한다.
- 교회를 비롯한 기타 비영리 기구의 조경이나 지면 관리사 보조로 자원봉사를 한다.
- 지역 청소년 스포츠 프로그램의 코치가 되거나 자원봉사를 한다.
- 공공 정원에서 자원봉사를 한다.

기계를 잘 다루거나 손재주가 있다면

- 사랑의 집짓기 운동[42] 혹은 그와 유사한 단체에서 자원봉사를 한다.
- 집수리가 필요한 연로한 노인이나 교회 신도들을 돕는다.
- 교회에 기부하거나 혹은 학교의 기금 마련 행사를 돕는 자원봉사를 한다.
- 보호시설에 기증할 퀼트나 담요 같은 것을 만든다.

이 목록은 단지 당신의 출발을 돕기 위한 것일 뿐이다. 당신의 축복, 재능, 개성, 열정을 파악하기 시작하면 그것을 이 세상과 나눌 방법은 얼마든지 있다. 시간을 베푸는 것을 우선순위에 둔다면 봉사할 기회는 저절로 생겨날 것이다.

마음을 주어라

우리의 시간과 재능을 베푸는 것이 반드시 필요한 일임에도 불구하고 우리가 내주기 가장 어려운 것은, 특히 우리와 가까운 사람들에게 베풀기 어려운 것은 우리의 마음이 아닐까. 거절당하는 것이 두려워, 혹은 지난날의 과오에 화가 나서, 혹은 우리가 그렇게 하고 있다는 사

42 Habitat for Humanity. 집 없는 이들에게 집을 지어주는 봉사활동을 하는 기독교의 민간단체

실을 알아차리기엔 사는 게 너무 바빠서, 우리는 가까운 친구나 가족에게 사랑과 친절과 격려를 아낀다. 예수가 우리에게 이웃을 네 몸같이 사랑하라고 하셨을 때 그 이웃이 길 건너 낯선 사람이나 지구 반을 가로지른 곳에 있는 어린아이를 말한 것이 아니라는 사실을 우리는 잊는다. 우리의 이웃은 바로 우리 곁에 있는 사람들이다.

우리 앞에 있는 사람들에게 봉사할 기회는 항상 있어서 오히려 알아차리지 못한다. 끝없이 계속되는 남편과 아이들의 요구는 의무, 성가신 일, 허드렛일처럼 느껴진다. 우리는 그들의 계속되는 요구에 지쳐 두 손을 들고, 화가 나서 소리를 지른다. "이제 좀 그만할 때도 되지 않았어?"

하지만 그들은 멈추지 않고 또 앞으로도 멈추지 않을 것이다.

그런데 그게 바로 우리가 베풀 수 있는 가장 훌륭한 기회다.

이 책에서 이야기했던 다른 모든 단계들이 결국 이곳으로 우리를 이끈다. 만족을 선택하고, 우리의 최적 지점을 찾고, 목표를 정하고, 시간을 관리하고, 재정적 통제권을 회복하고, 돈을 어디에 쓸지 계획하고, 생활 속 잡동사니들을 처분하고, 집을 깨끗이 유지하고, 그리고 우리 삶에서 가장 좋은 것은 공짜라는 사실을 기억하는 것 모두가 우리를 가정으로, 그들에게로, 바로 우리 앞에 있는 사람들에게로 이끈다.

어떻게 하면 마음을 줄 수 있냐고? 집 안에서 어떻게 봉사할 수 있냐고? 다음은 그 몇 가지 방법이다.

매일 기도와 고요한 묵상의 시간을 가져라. 하루하루 가족들의 요구에 매여 있다 보면 가족을 위해 기쁘게 봉사해야 한다는 것을 잊기 쉽다. 매일 아침 가족 한 사람 한 사람을 위해 잠시 묵상하고, 그들에게 어떻게 봉사하는 게 좋을지 생각해본다면 우리의 태도는 완전히 달라질 것이다. 자신에게 고요한 시간을 허락하는 것이야말로 우리의 건전지를 충전시켜 기꺼이 봉사할 수 있도록 우리를 준비시킨다.

진심 어린 마음으로 격려하라. 당신의 배우자와 아이들의 가장 열렬한 치어리더가 되어라. 그들의 일상에서 일어나는 일에 관심을 가져라. 학교에서 혹은 직장에서 무슨 일이 일어났는지 파악하라. 그들의 친구와 동료를 만나라. 그들의 목표와 야망을 이해하라. 그들의 성공을 축하하라. 실의에 빠졌을 때 그들을 격려하라.

온화하라. 당신의 말과 태도에서 거친 부분을 없애기 위해 노력해서 아이들과 배우자의 여린 마음을 보호하라. 조용히, 상대를 존중하며 말하고, 화가 났을 때조차도 친절한 말을 사용하라. 화가 났을 때는 더더욱.

자비를 베풀어라. 아이들은 어쩔 수 없이 우리를 실망시키고, 우리 마음을 다치게 하고, 잘못을 저지를 것이고, 잘못은 바로잡아야 하고 우리는 부모 노릇을 해야 하겠지만, 그들에게는 자비와 용서가 필요하다. 마찬가지로, 우리의 배우자도 우리에게 상처를 주는 특유의 능력을 지니고 있거나 지구 상의 그 누구와도 다른 방식으로 우릴 실망시키겠지만, 서운함을 가슴에 품어봐야 상황은 악화될 뿐이다. 기꺼이 용서하고, 원한이나 분노를 품지 말고, 잊어라.

육체적 친밀감을 보여라. 아침의 포옹이건, 한 팔을 어깨에 두르는 것이건, 뺨에 하는 키스이건, 잠시 손을 잡아주는 것이건, 매일 아이들과 남편을 애정 어린 손길로 어루만져라. 포옹에 인색하지 말고 섹스를 미루지 마라.

관대하라. 당신의 시간, 에너지, 자원을 자유롭게, 너그럽게 베풀어라. 집 안을 돌보고 식사를 준비하는 것 같은 기본적인 일들이 당신의 가정을 행복하게 만든다. 기쁜 마음으로 하라. 도움을 청하지 않더라도 도와주고 대가를 바라지 마라.

속도를 늦추어라. 아이들과 남편에게 하루에 몇 번이나 서두르라고 말하는지 세어보았는가? 서두르지 말고 삶의 작은 것들을 즐길 여유를 가져라. 만약 당신에게 너무 많은 부담이 지워졌다면 해야 할 일들의 가짓수를 의도적으로 줄이고 당신 자신의 모습으로 돌아갈 시간을 가져라.

즐겨라. 웃어라, 어리석어져라. 가족과 게임을 하라. 산책을 하고, 자전거를 타고, 공원에서 함께 놀아라. 바닷가에서 하루를 보내고, 거실에 요새를 쌓아라. 계획에 없던 일을 단지 재미로 해보아라.

예수와 같은 마음이 된다는 것은 지역사회에서 혹은 가정 안에서 하인의 마음을 갖는 것이다. 너그러워지기가 항상 쉽지는 않다. 가장 좋은 것은 자신을 위해 아껴두라고 말하는 사회에서라면 더더욱 그렇다. 무조건 베풀어라. 봉사할 시간을 찾는 것이 비현실적이고 번거로울 수도 있고, 때로는 우리가 가진 것을 내주는 것 자체가 시련처럼 느껴질 수도 있다. 어쨌든 주어라. 고맙단 얘기도 거의 듣지 못하고 알아주는 사람도 없을 때, 매일매일 사랑으로 가족을 섬기는 것이 부담처럼 느껴질 수도 있다. 그래도 봉사하라.

결국 우리는 내가 가장 깊이 되뇌는 구절로 되돌아온다.

> 하나님의 사람이여, 그대는 이 악한 것들을 피하십시오. 의와 경건과 믿음과 사랑과 인내와 온유를 좇으십시오. 믿음의 선한 싸움을 싸우십시오. 영생을 얻으십시오. 하나님께서는 영생을 얻게 하시려고 그대를 부르셨고, 또 그대는 많은 증인들 앞에서 훌륭하게 신앙을 고백하였습니다.
>
> 그대는 이 세상의 부자들에게 명령하여, 교만해지지도 말고, 덧없는 재물에 소망을 두지도 말고, 오직 우리에게 모든 것을 풍성히 주셔서 즐기게 하시는 하나님께 소망을 두라고 하십시오. 또 선을 행하고, 좋은 일을 많이 하고, 아낌없이 베풀고, 즐겨 나누어주라고 하십시오. 그렇게 하여, 앞날을 위하여 든든한 기초를 스스로 쌓아서, 참된 생명을 얻으라고 하십시오.
>
> 디모데전서 6장 11절-12절, 17절-19절

멋진 삶은 봉사하는 삶이다. 그것은 우리가 가진 것보다는 있는 그대로의 모습에 바탕을 둔 삶이다. 멋진 삶은 물질에 소모되어버린 사회의 거짓말을 거부하고 천국에 재물을 쌓을 것을 요구한다. 겁쟁이들은 할 수 없는 일이고, 항상 쉽지는 않을 것이다. 멋진 삶은 근면과 자기 절제, 희생과 만족의 보류를 요구한다. 겸손과 기도와 관용을 요구한다. 그러나 이 모든 것에도 불구하고, 친구들이여, 멋진 삶은 노력해볼 만한 가치가 있다. 그 어떤 역경과 수고를 치르더라도 도전해볼 가치가 있다. 왜냐하면 그런 삶이야말로 진정한 삶이기 때문이다. 멋진 삶은 영원하다.

나와 함께하지 않겠는가?

도전 과제

멋진 삶을 나누어라

당신이 얼마나 기꺼이 베풀고 있는지 정직하게 돌아보라. 당신 삶에서 인색한 부분이 있는가? 당신의 시간과 노력을 베풀기가 꺼려지는가? 사랑과 애정을 꿍치고 있는가? 친절을 보일 수도 있는 순간에 냉정하고 냉담한가? 당신이 보다 너그러워질 수 있는 분야 세 가지를 적어보아라.

그리고 교회 혹은 지역사회에 당신의 시간과 재능을 얼마나 베풀었는지 생각해보라. 일주일에 혹은 한 달에 몇 시간을 봉사에 할애했는가? 조금 더 줄 수 있는가? 다음 달 봉사 계획을 세워라.

마지막으로, 가장 가까운 사람들에게 당신이 어떻게 봉사하는지 돌아보아라. 당신의 남편과 아이들에게 가장 좋은 당신의 모습을 보여주고 있는가? 보다 나아질 수 있도록 세 가지 목표를 적어보아라.

옮긴이의 글

삶의 균형을 간절히 원하는 이들에게

"아이 키우면서 그 많은 일을 어떻게 혼자 다하세요?"

두 아이의 엄마이자 번역가로 살면서 참 많이도 받았던 질문이다. 언젠가는 내 이야기를 책으로 써보겠다 생각했는데, 그 책이 나와버렸다. 단 저자는 미국의 유명 블로거 루스 수컵이다.

《정리가 필요한 인생》은 실용서의 목적에 충실한 책이다. 호흡이 길고 문장이 아름다운 장르 소설을 주로 번역하던 나는 이 책을 받고 호기심에 한번 훑어보았는데, 소문난 살림의 고수가 절약 노하우를 자랑하는 책이 아니었다. 놀랍게도 이 책은 절망의 끝에서 어렵사리 되찾은 삶을 지켜내려는 저자의 분투기이다.

루스 수컵은 개인 파산 신고의 전력이 있는 구제 불능 쇼핑중독자였다. 돈 쓰기 좋아했던 그녀의 삶은 어느 순간 통제 불능 상태로 치달았고 결국 우울증으로 소위 인생의 '바닥'을 쳐야만 했다. 정신적으로, 육체적으로 그리고 경제적으로 건강한 삶을 산다는 게 얼마나 어려운 일인지 저자는 누구보다도 잘 알고 있다. 이 책에 담긴 모든 지혜가 고압적인 설교라기보다는 겸손한 조언으로 다가오는 이유도 바로 자신의 과오와 실수를 여과 없이 보여주는 저자의 솔직함 때문일 것이다.

저자와는 두 아이를 키우며 일하는 엄마라는 공통점이 있을 뿐, 사는 곳도, 자란 환경도 다른 나와 저자가 살아가는 모습이, 특히 시간 관리에 관한 노하우가, 기가 막힐 정도로 똑같았다. 오랜 세월에 걸쳐 수많은 시행착오를 겪으며 어렵게 터득한 삶의 지혜라 자부했는데, 나만의 노하우는 아닌 것 같아 놀라우면서도 반가웠다.

적게 쓰되 넉넉히 베풀고, 물질의 과잉으로 아이를 질식시키지 않고, 긴 하루를 보내고 가족들이 돌아와 쉬고 싶은 집을 만들고, 철저한 시간 관리로 내 일에도 소홀하지 않고, 꼼꼼한 재정설계로 편안한 노후를 준비하는 것은 여자라면 누구나 꿈꾸는 삶이 아닐까.

다만, 기독교 신자인 저자의 단상들이 신자가 아닌 사람들에게는 조금 불편하게 읽힐 수도 있겠다. 그러나 종교 명상서로 분류되어 특정 독자에게만 읽히기에는 너무 아까운 내용이다.

《정리가 필요한 인생》은 우리의 생각과 삶에 실제로 변화를 일으킬 수 있는 책이다. 이 책은 경험담이고 길잡이이며, 여자의 이야기이고 가족의 이야기이다. 소파 옆에 혹은 식탁 위에 놓아두고 틈틈이 의미를 되새겨볼 내용이다.

소비가 미덕인 현대사회를 살아가는 모든 이들에게, 특히 일과 가정의 균형을 잃지 않으려 애쓰는 모든 여성에게 이 책을 선물하고 싶다.

이진